Male für jede Seite, die du bearbeitet hast, einen Stern aus!

Viel Freude!

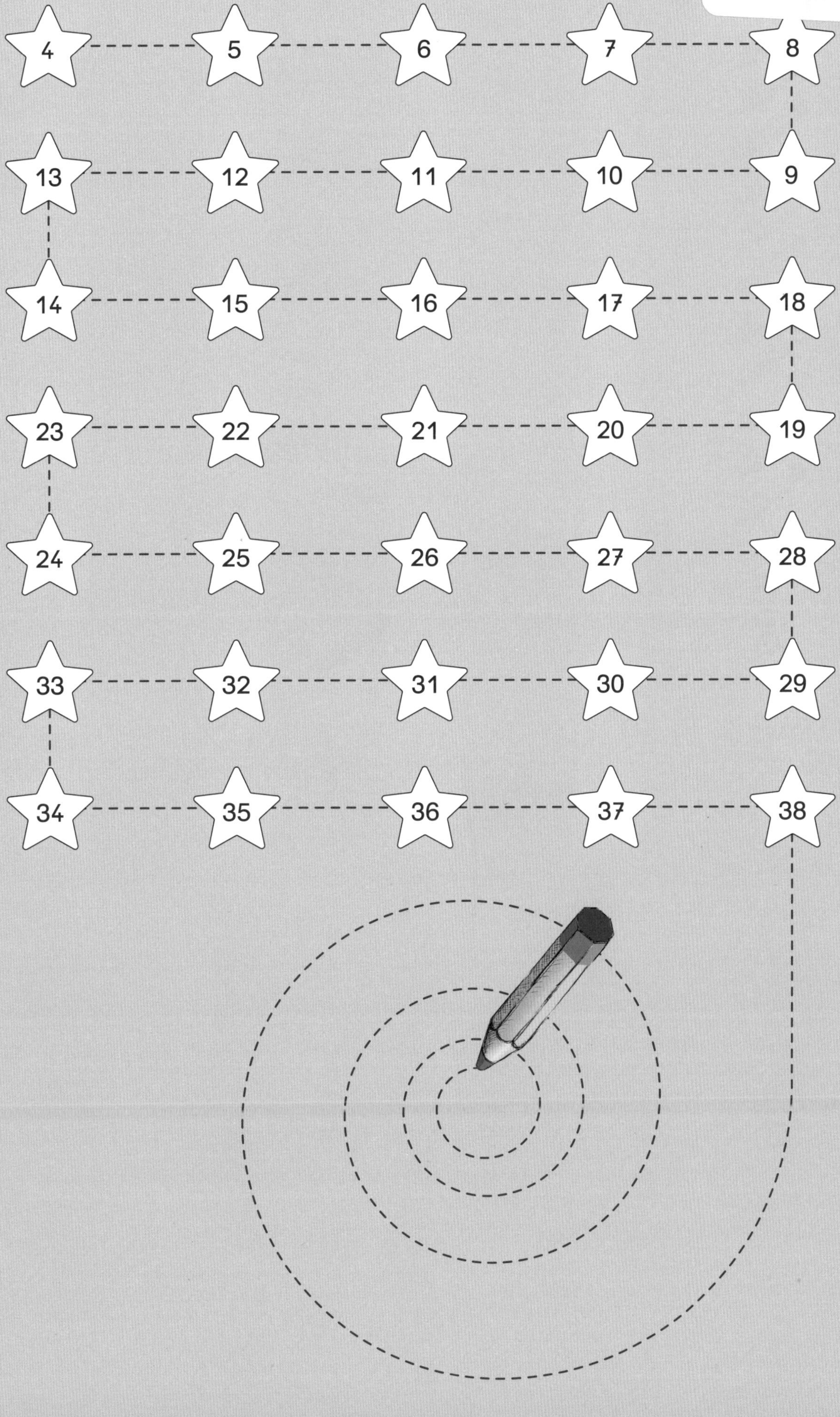

Die liegende Acht wird bunt!

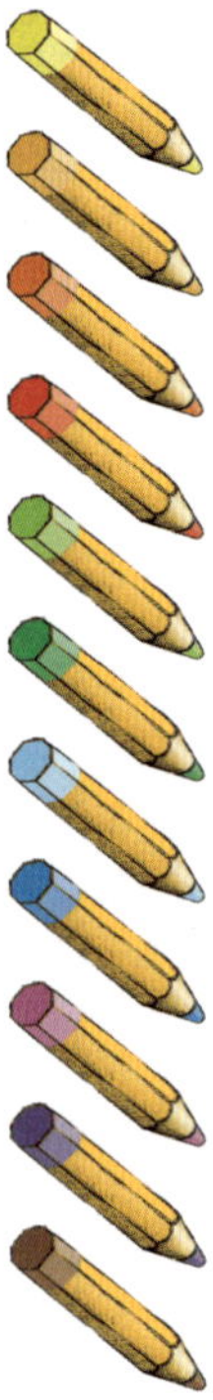

Quadrat

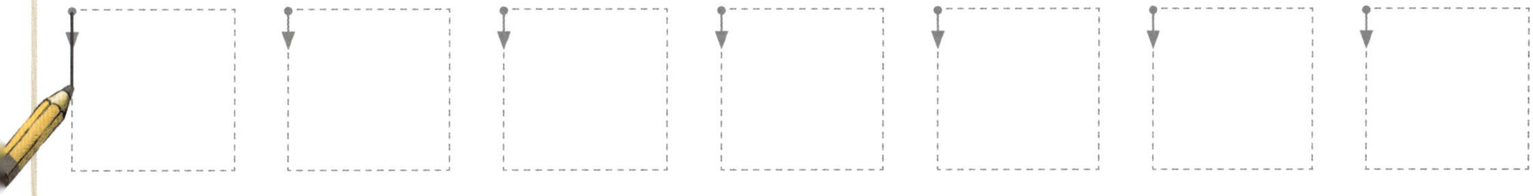

Kreis

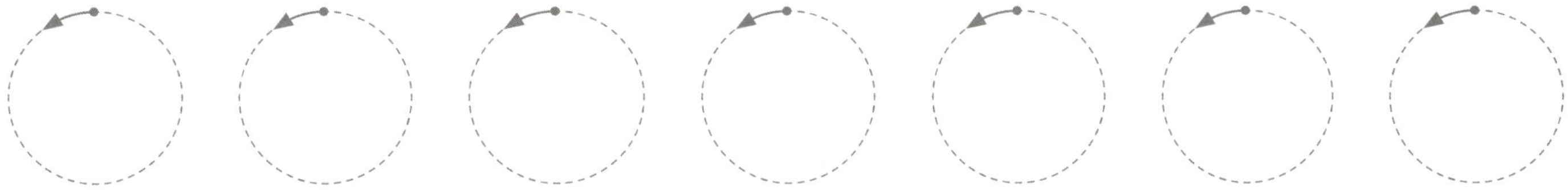

Dreieck

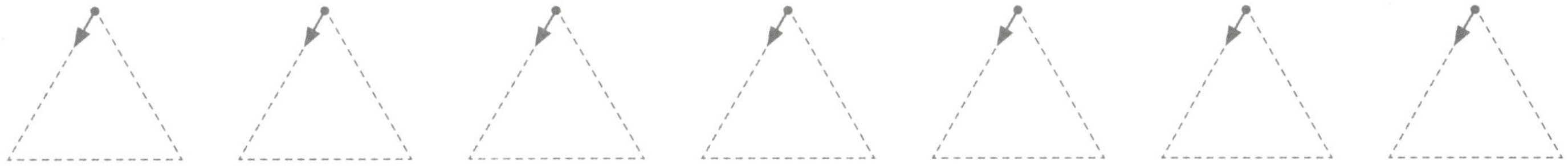

Rechteck

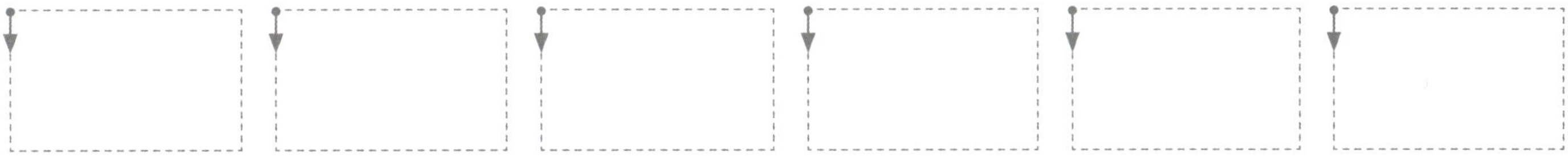

Kreise

Spirale

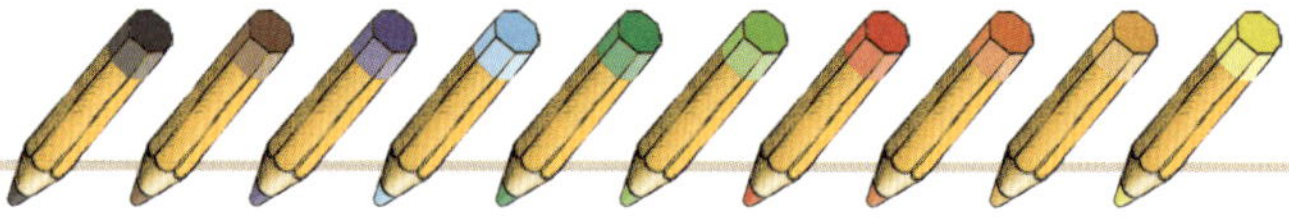

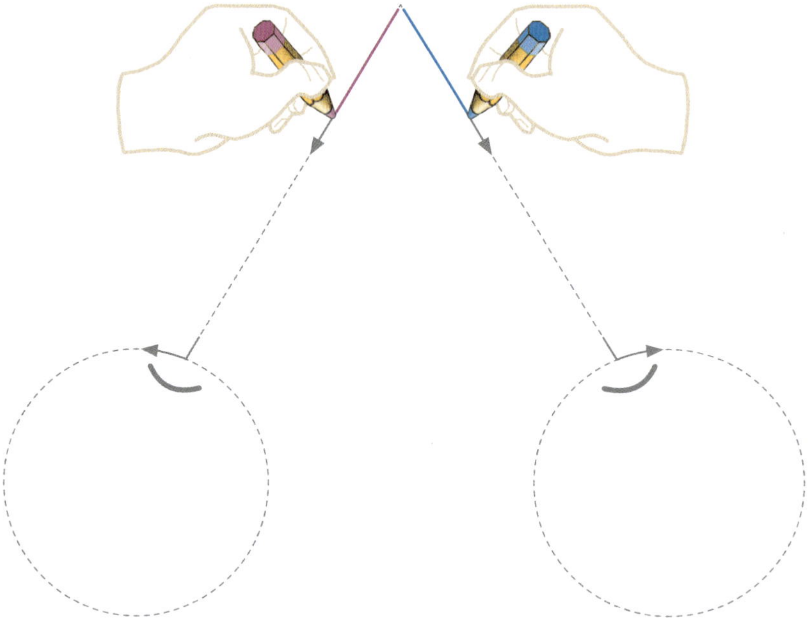

Magst du gern Kirschen? ja ☐ nein ☐

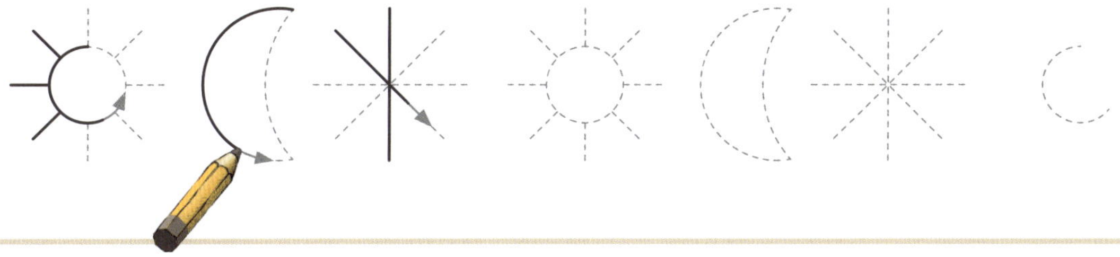

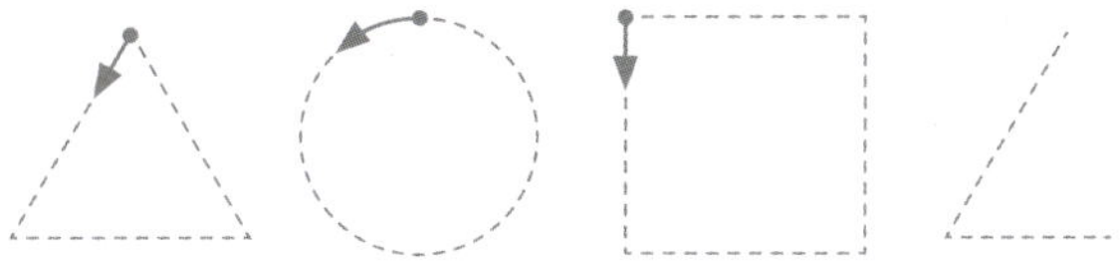

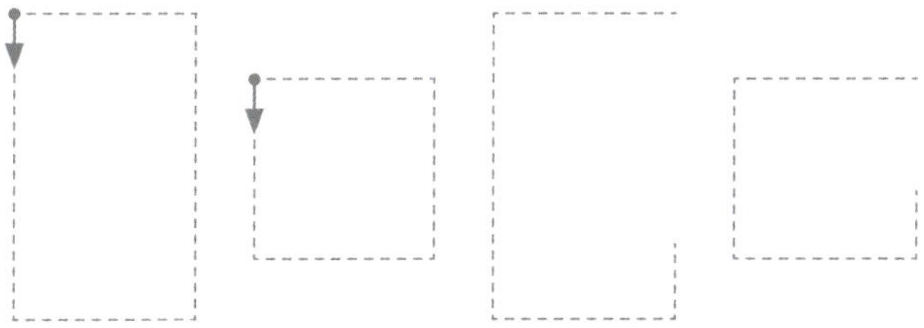

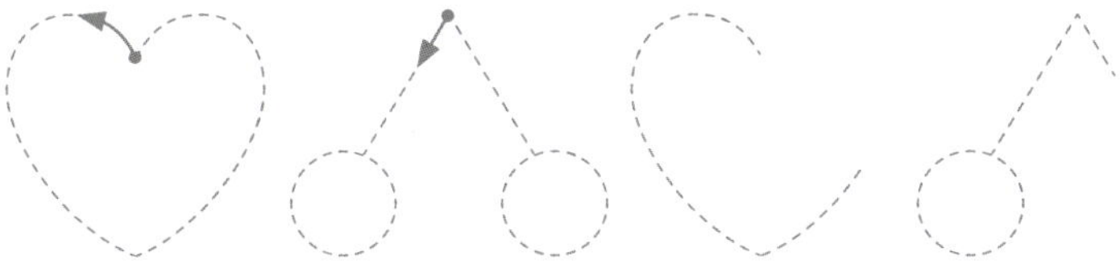

Trage ein!

1	Rechteck
2	Dreieck
3	Quadrat
4	Kreis

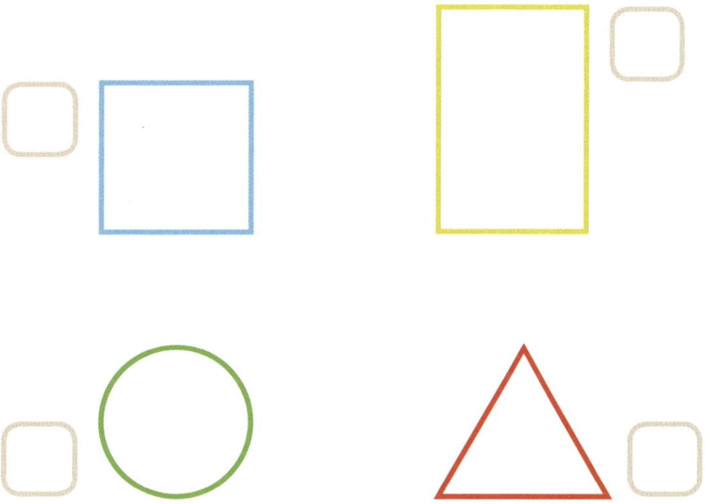

Ende

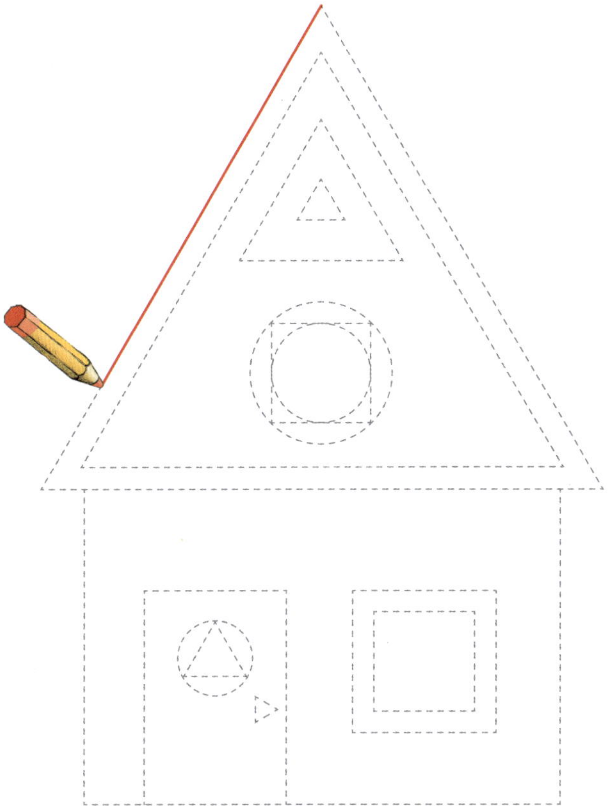

Wie viele Formen findest du?
Trage ein!

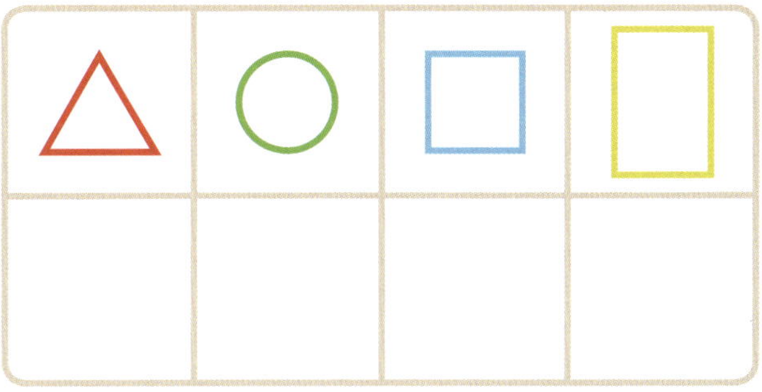

Male uns in
der Farbe der
Drachen an!

← LINKS oder RECHTS →

Wo genau ist die Maus?

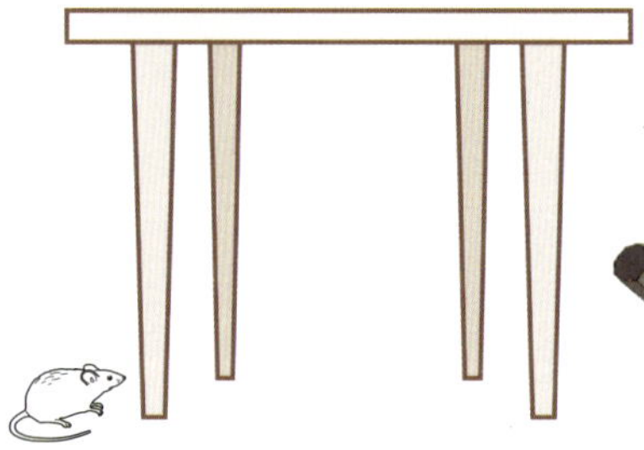

- ☐ vor dem Tisch
- ☐ hinter dem Tisch
- ☐ neben dem Tisch
- ☐ auf dem Tisch
- ☐ unter dem Tisch
- ☐ rechts vom Tisch
- ☑ links vom Tisch

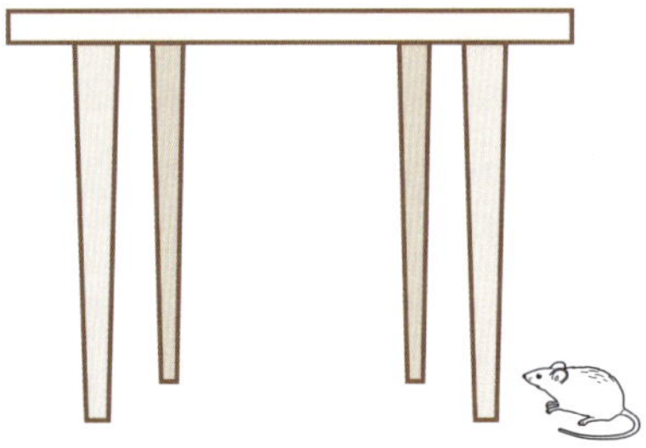

- ☐ vor dem Tisch
- ☐ hinter dem Tisch
- ☐ neben dem Tisch
- ☐ auf dem Tisch
- ☐ unter dem Tisch
- ☐ rechts vom Tisch
- ☐ links vom Tisch

- ☐ vor dem Tisch
- ☐ hinter dem Tisch
- ☐ neben dem Tisch
- ☐ auf dem Tisch
- ☐ unter dem Tisch
- ☐ rechts vom Tisch
- ☐ links vom Tisch

- ○ vor dem Tisch
- ○ hinter dem Tisch
- ○ neben dem Tisch
- ○ auf dem Tisch
- ○ unter dem Tisch
- ○ rechts vom Tisch
- ○ links vom Tisch

- ○ vor dem Tisch
- ○ hinter dem Tisch
- ○ neben dem Tisch
- ○ auf dem Tisch
- ○ unter dem Tisch
- ○ rechts vom Tisch
- ○ links vom Tisch

- ○ vor dem Tisch
- ○ hinter dem Tisch
- ○ neben dem Tisch
- ○ auf dem Tisch
- ○ unter dem Tisch
- ○ rechts vom Tisch
- ○ links vom Tisch

- ○ vor dem Tisch
- ○ hinter dem Tisch
- ○ neben dem Tisch
- ○ auf dem Tisch
- ○ unter dem Tisch
- ○ rechts vom Tisch
- ○ links vom Tisch

- ○ vor dem Tisch
- ○ hinter dem Tisch
- ○ neben dem Tisch
- ○ auf dem Tisch
- ○ unter dem Tisch
- ○ rechts vom Tisch
- ○ links vom Tisch

- ○ vor dem Tisch
- ○ hinter dem Tisch
- ○ neben dem Tisch
- ○ auf dem Tisch
- ○ unter dem Tisch
- ○ rechts vom Tisch
- ○ links vom Tisch

- ○ vor dem Tisch
- ○ hinter dem Tisch
- ○ neben dem Tisch
- ○ auf dem Tisch
- ○ unter dem Tisch
- ○ rechts vom Tisch
- ○ links vom Tisch

- ○ vor dem Tisch
- ○ hinter dem Tisch
- ○ neben dem Tisch
- ○ auf dem Tisch
- ○ unter dem Tisch
- ○ rechts vom Tisch
- ○ links vom Tisch

Die Schatzkarten sind beschädigt. Zeichne sie neu!

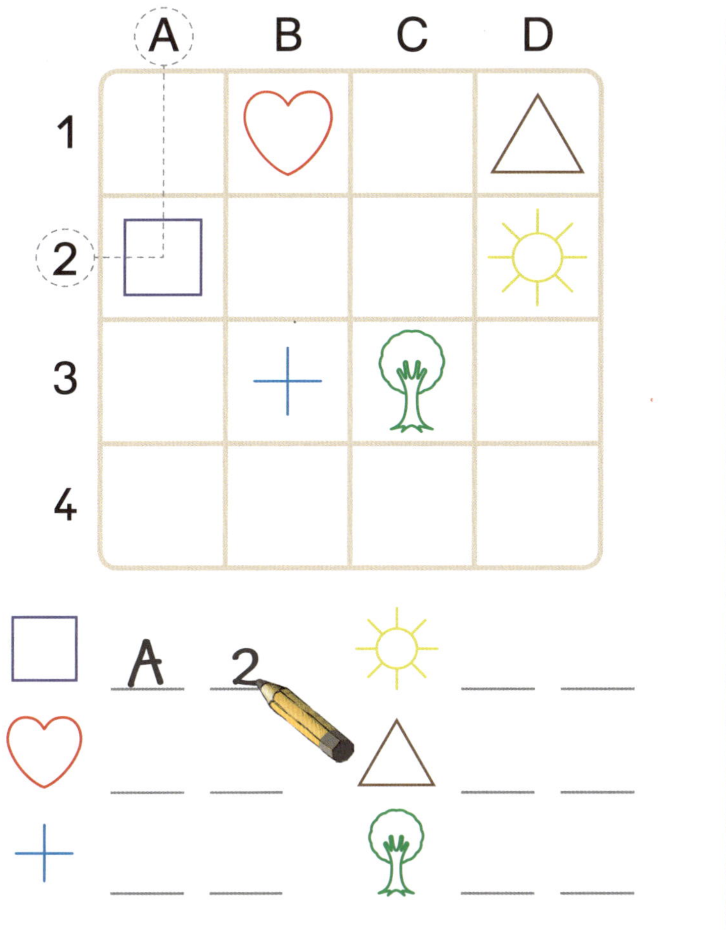
A B C D
1 2 3 4
A 2

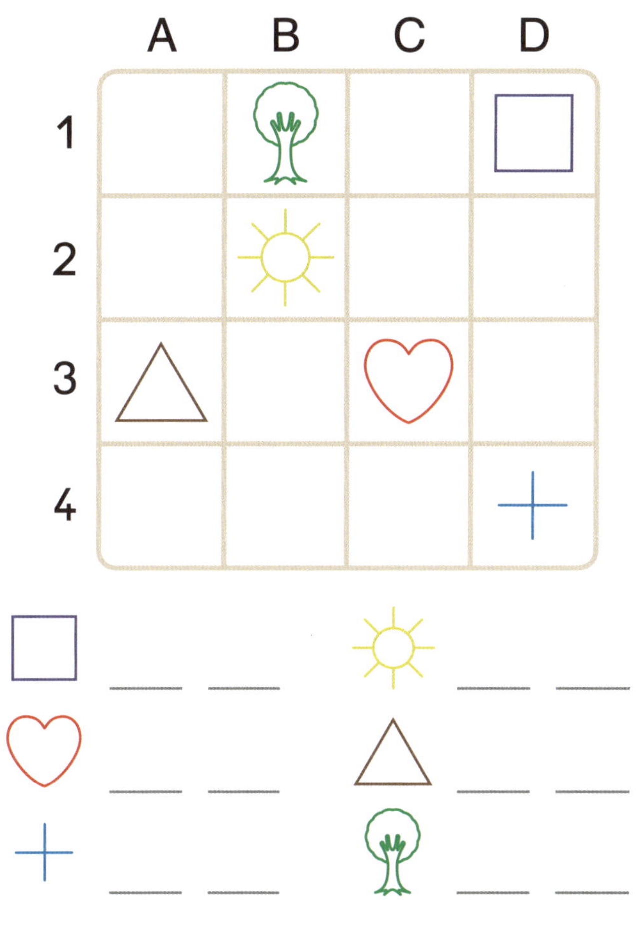
A B C D
1 2 3 4

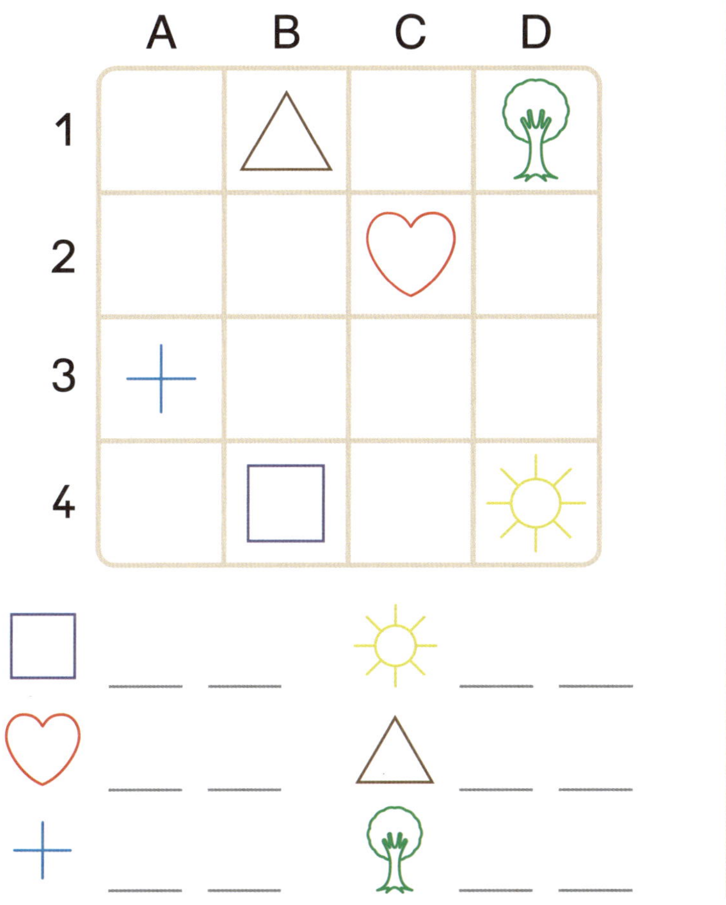
A B C D
1 2 3 4

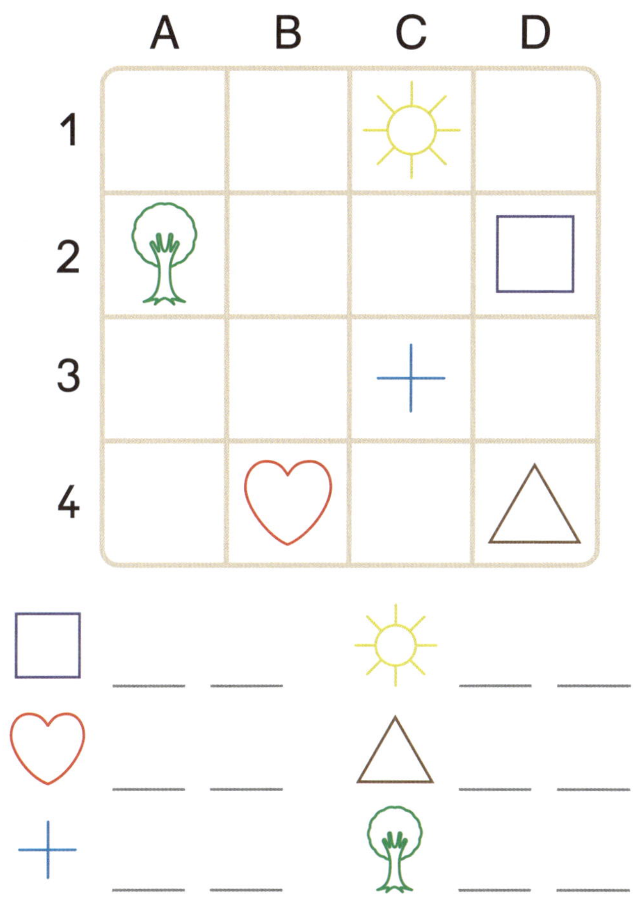
A B C D
1 2 3 4

A1 

B3 

C2 

D4 

	A	B	C	D
1	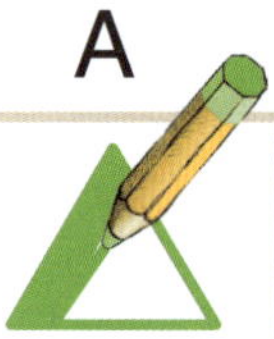			
2				
3				
4				

A4 

B1 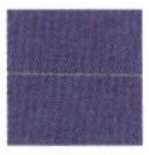

C3 

D2 

	A	B	C	D
1				
2				
3				
4				

A2 

B4 

C1 

D1 

	A	B	C	D
1				
2				
3				
4				

~~Pyramide~~
Kugel
Zylinder
Quader
Würfel

 Z ____________

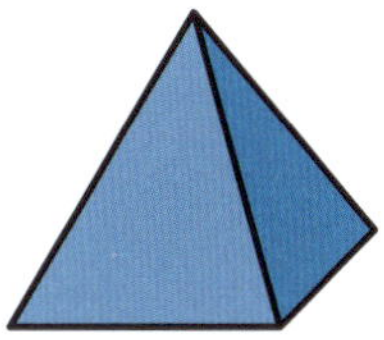 P ____________

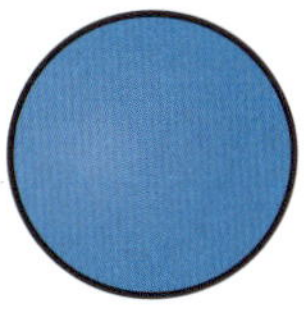 ____________

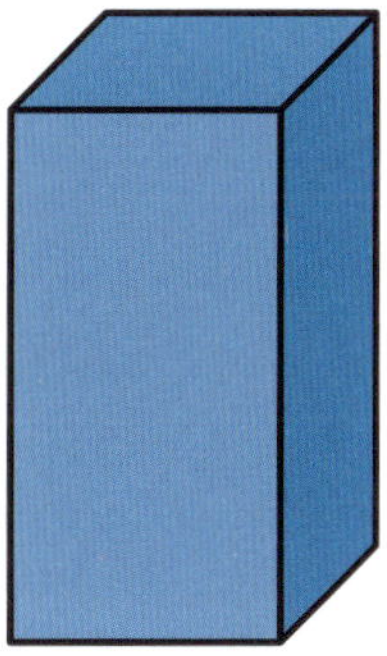 Qu ____________

 ____________

2				

Baust du gern mit Bausteinen? ja ☐ nein ☐

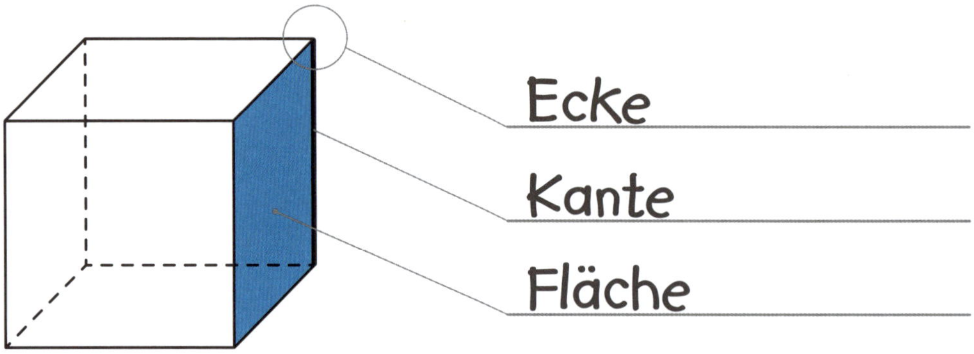

8	Ecken
	Kanten
	Flächen

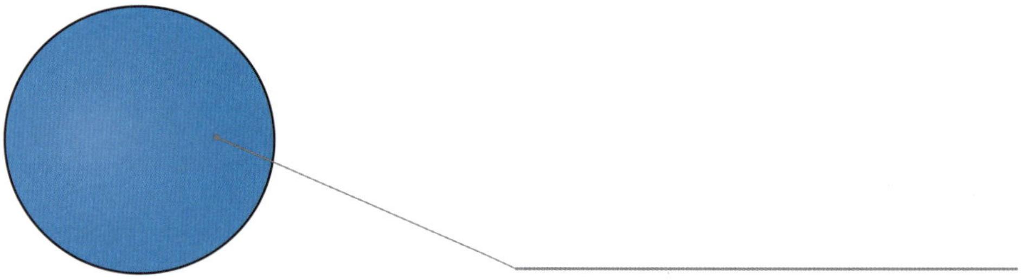

	Ecken
	Kanten
	Fläche(n)

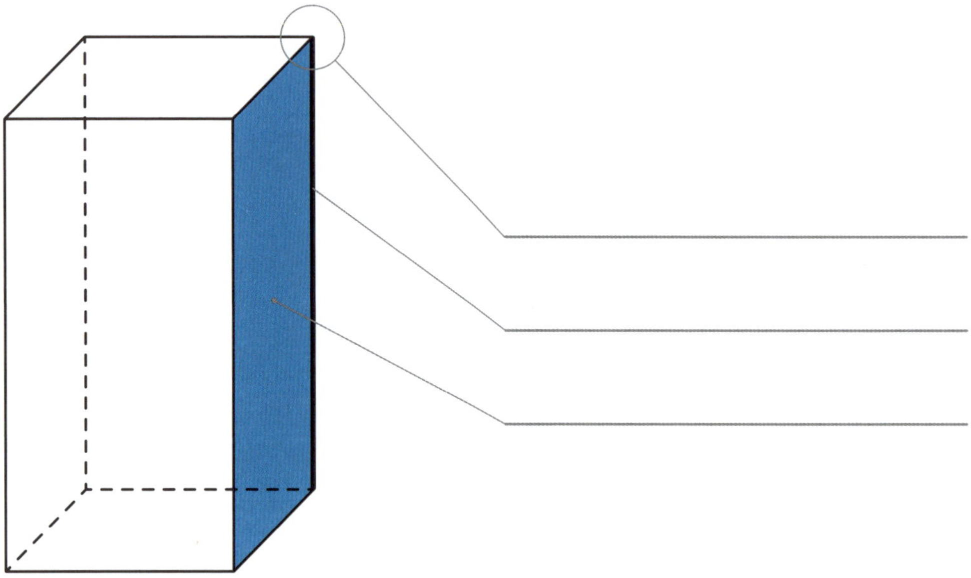

	Ecken
	Kanten
	Flächen

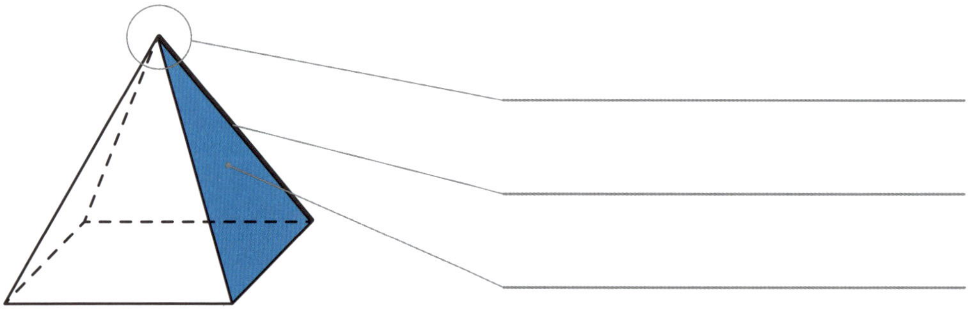

	Ecken
	Kanten
	Flächen

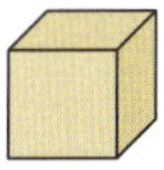

1 Würfel

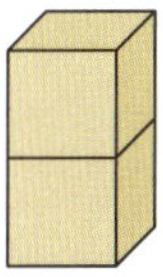

Würfel

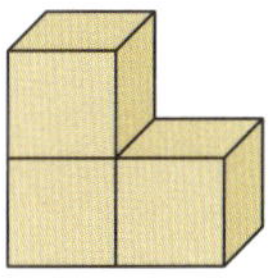

Würfel

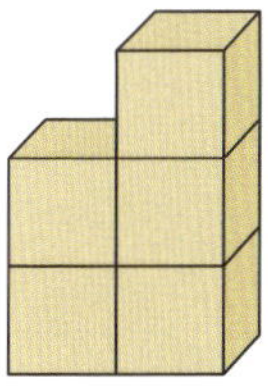

Würfel

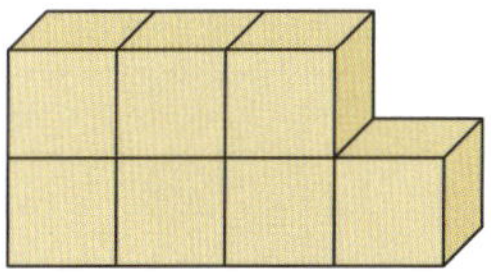

Würfel

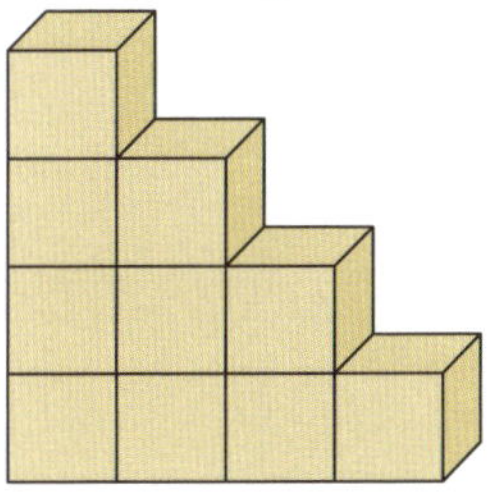

Würfel

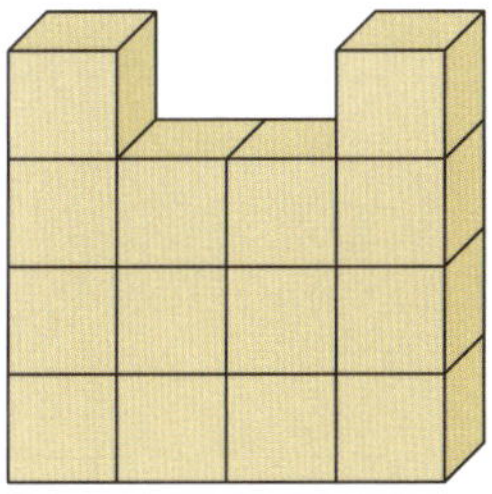

Würfel

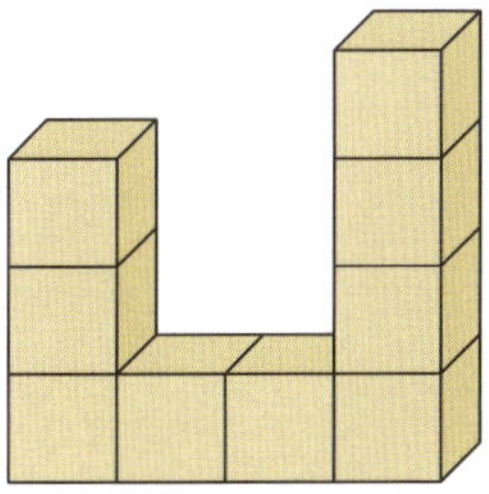

Würfel

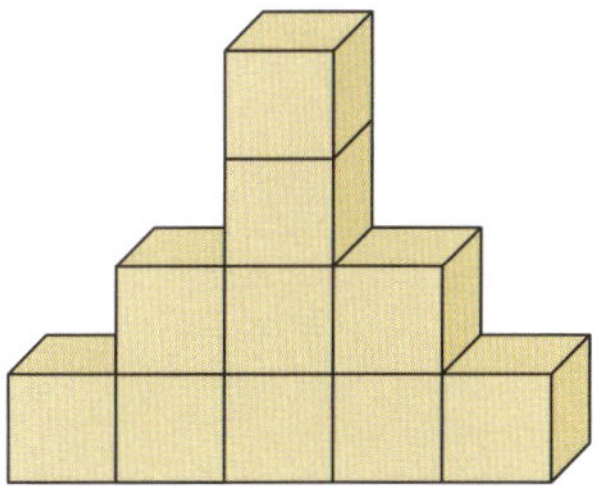

Würfel

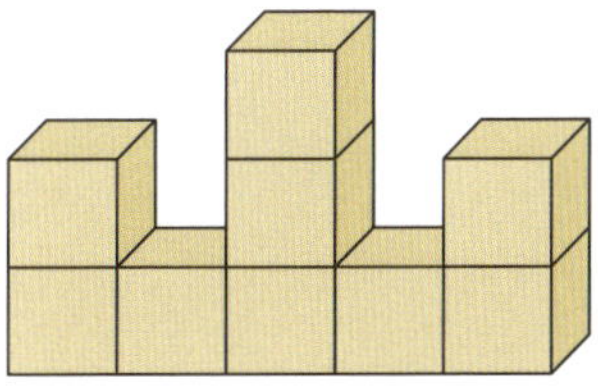

Würfel

Würfel

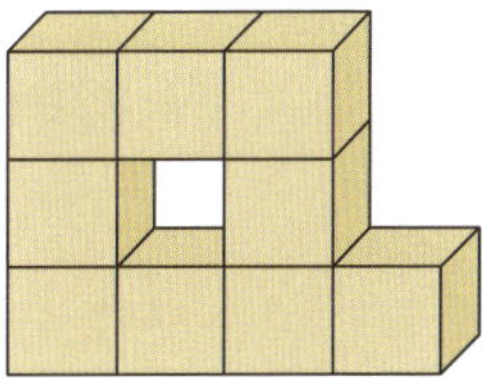

Würfel

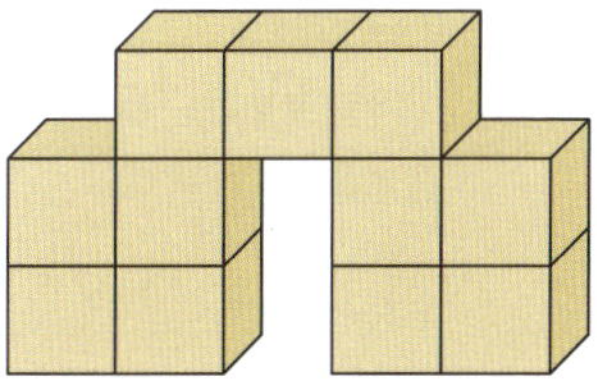

Würfel

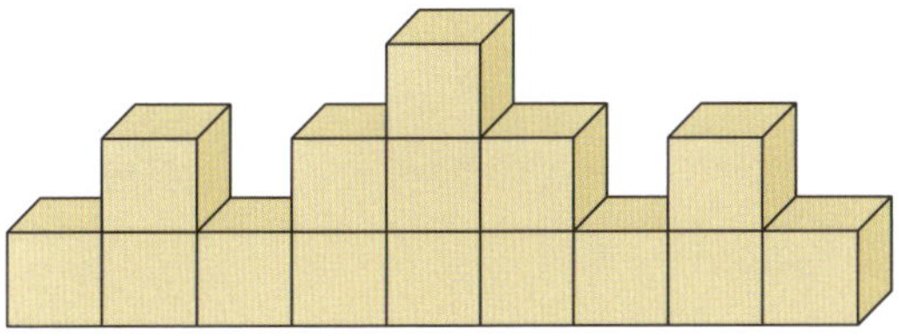

Würfel

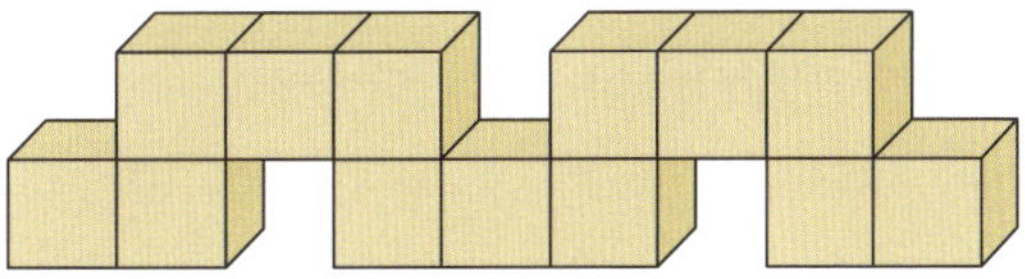

Würfel

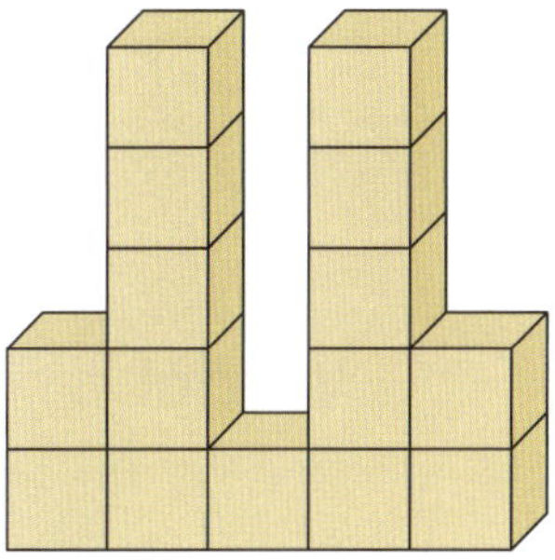

Würfel

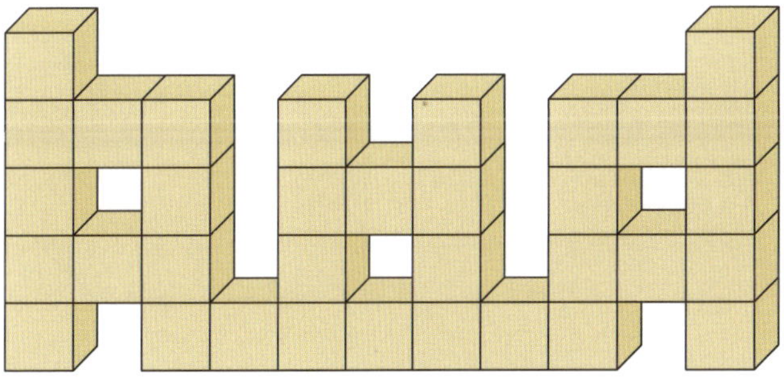

Würfel

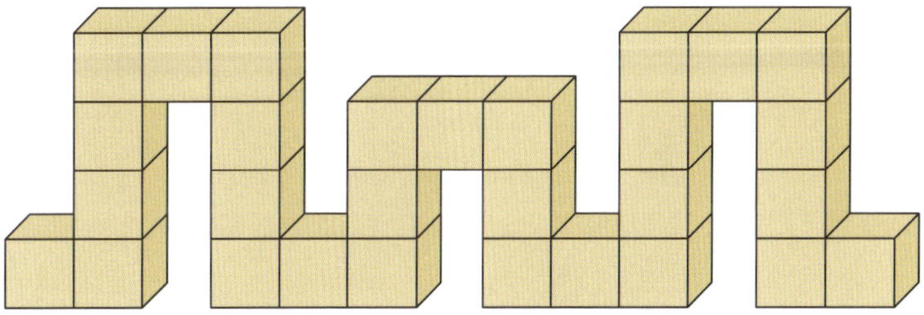

Würfel

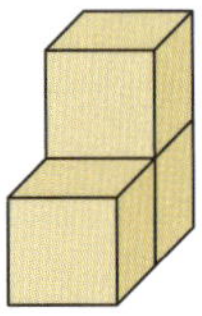

3 Würfel

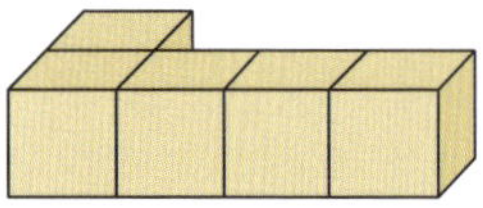

Würfel

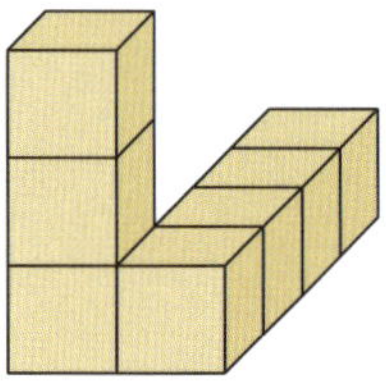

Würfel

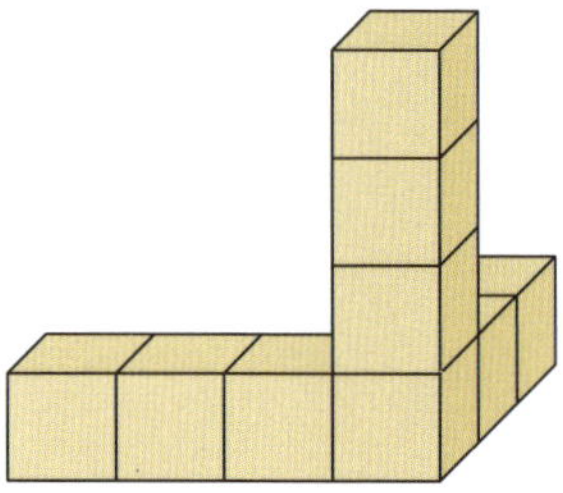

Würfel

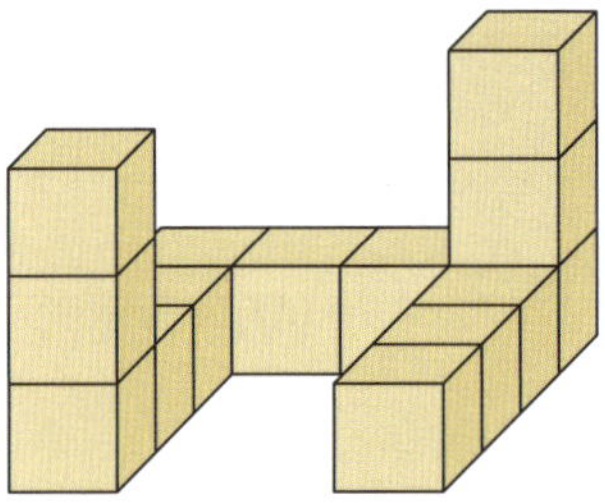

Würfel

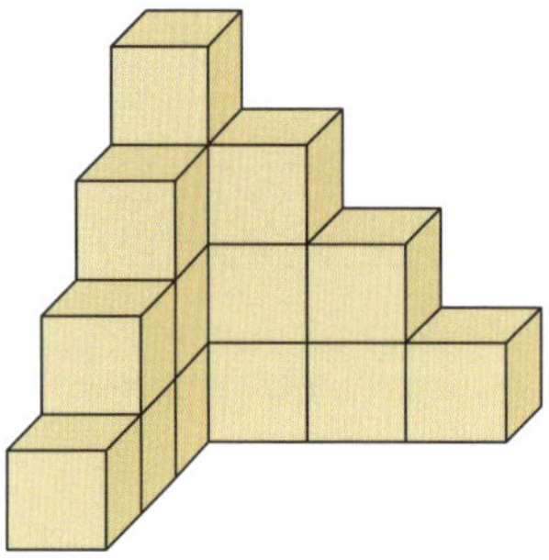

Würfel

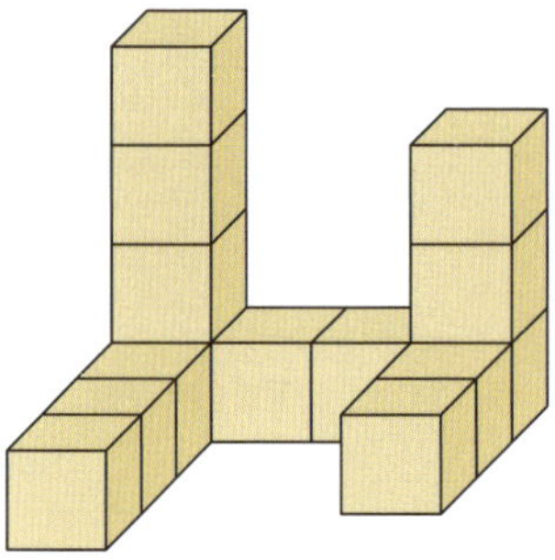

Würfel

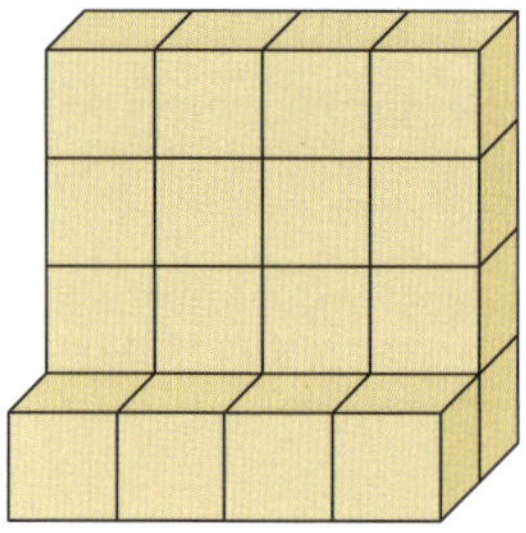

Würfel

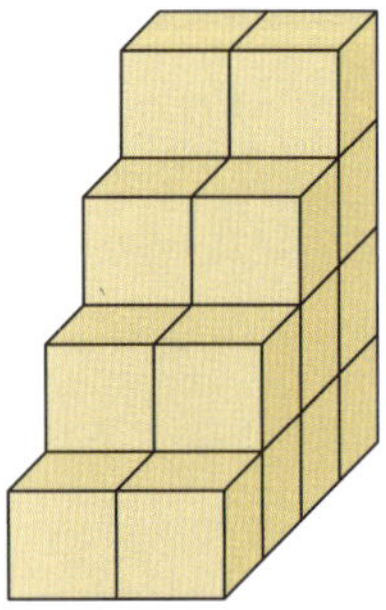

Würfel

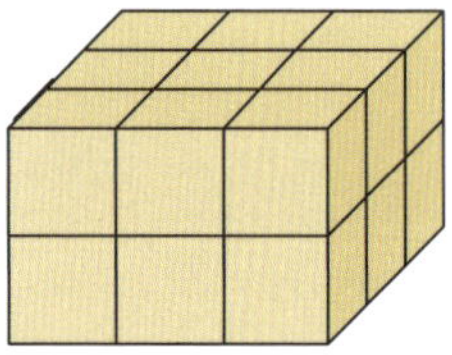

Würfel

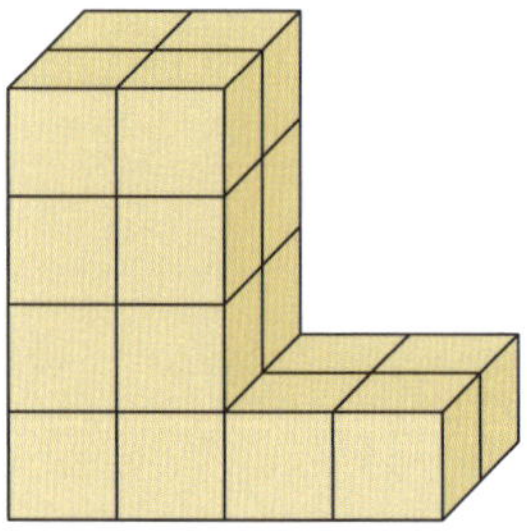

Würfel

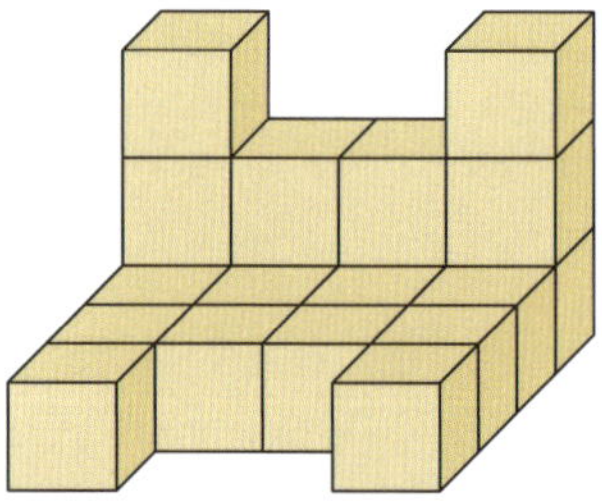

Würfel

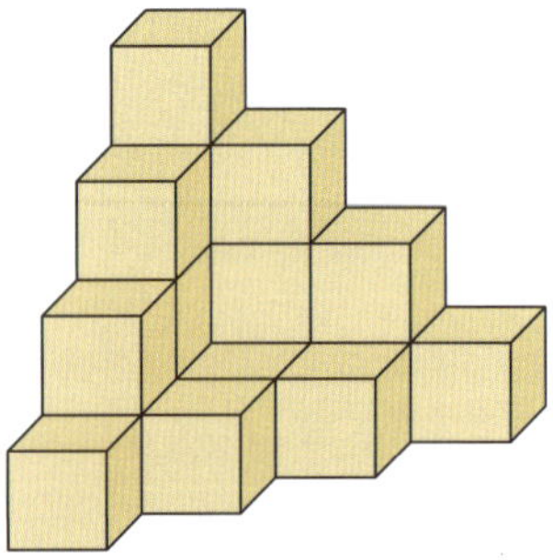

Würfel

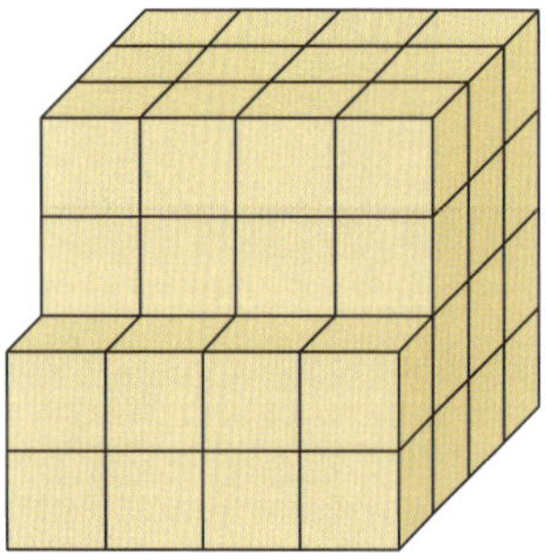

Würfel

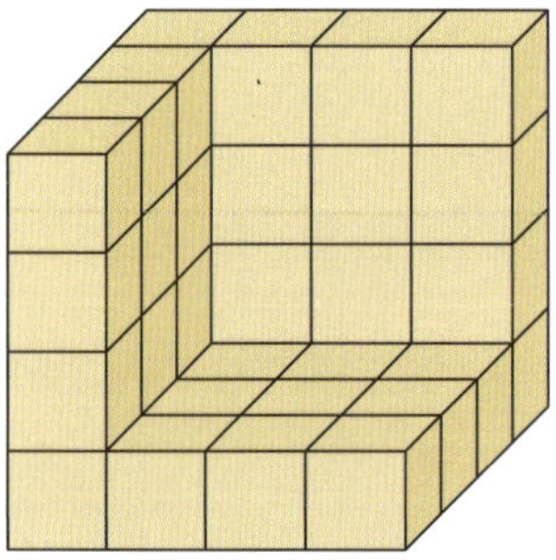

Würfel

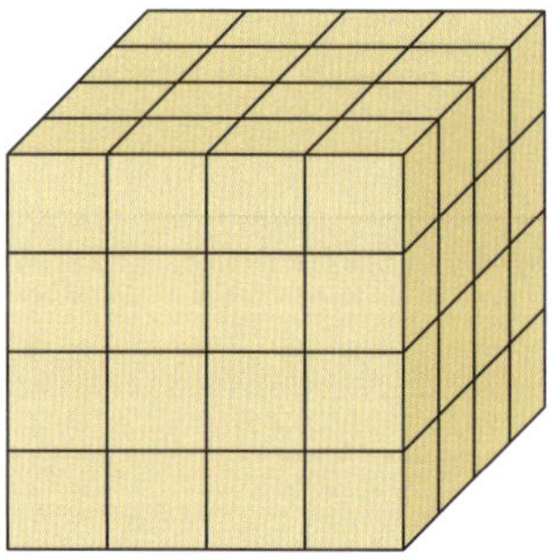

Würfel

Lösungen: 7, 20, 5, 14, 9, 3, 16, 20, 14, 20, 18, 64, 20, 56, 37, 19

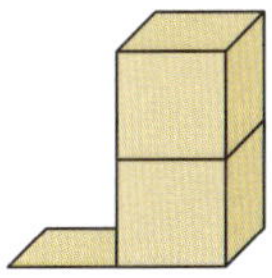

0 2

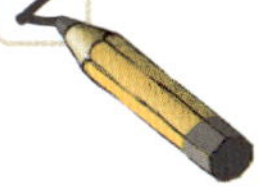

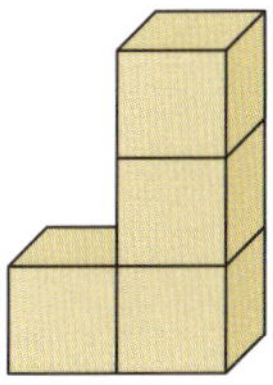

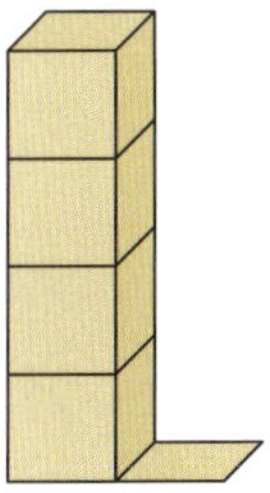

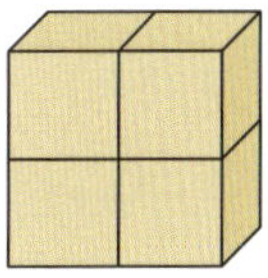

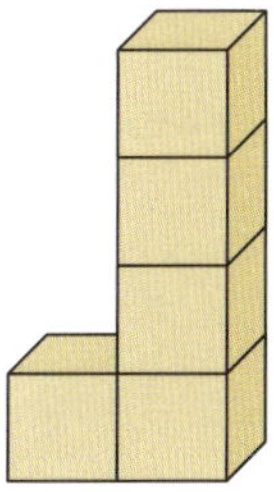

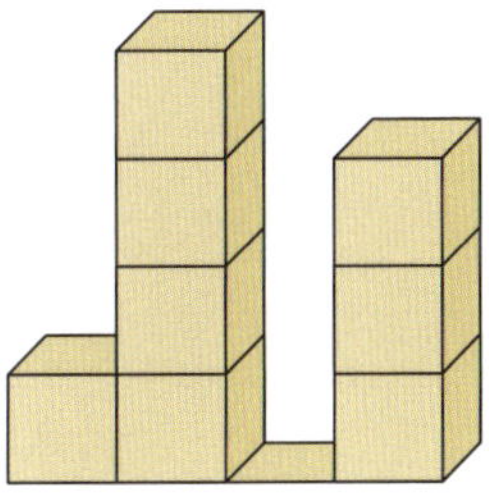

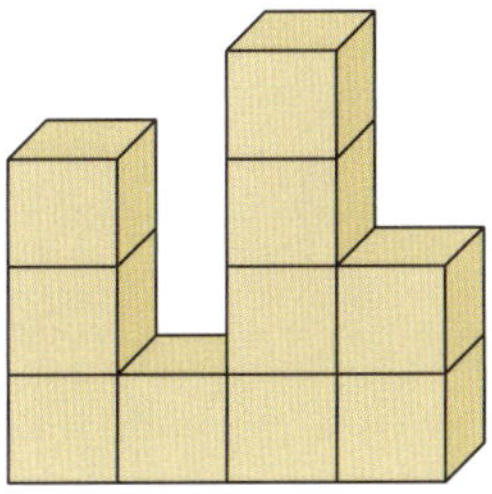

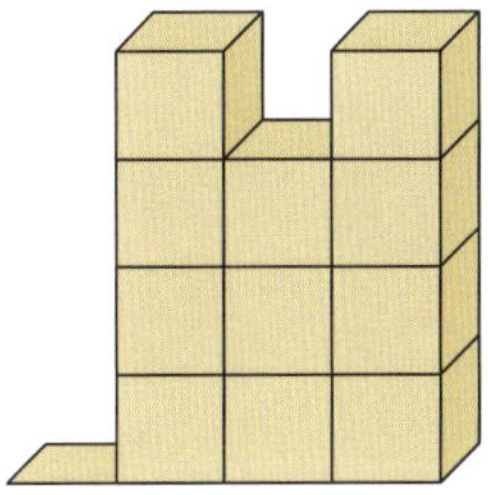

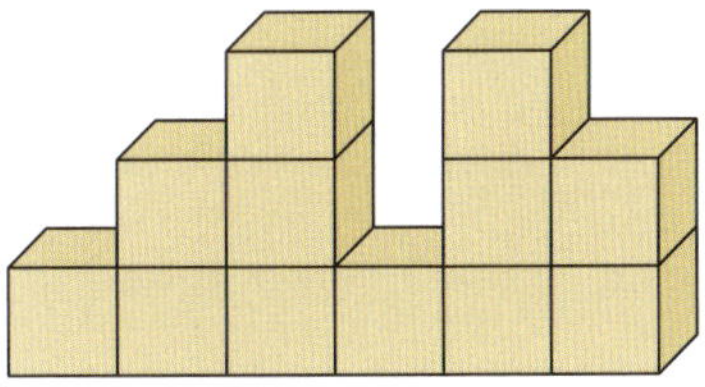

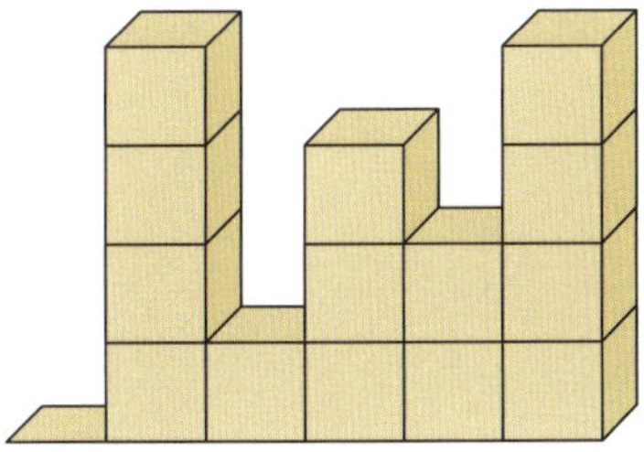

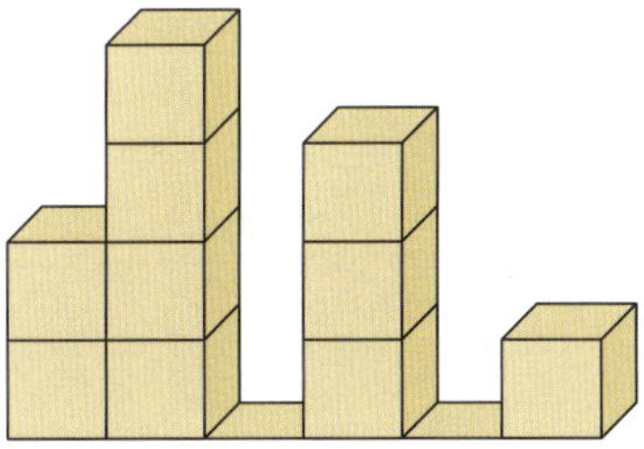

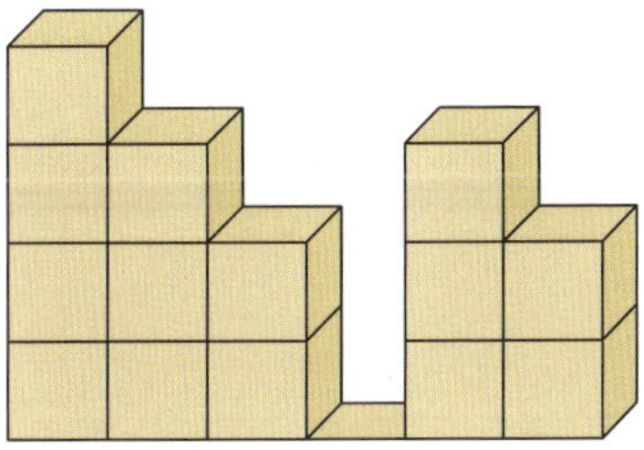

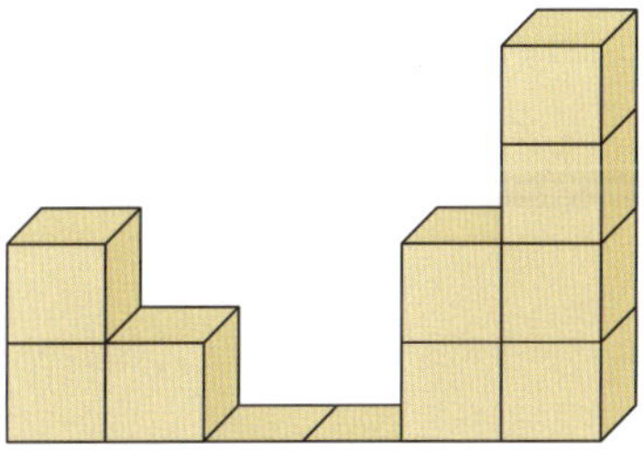

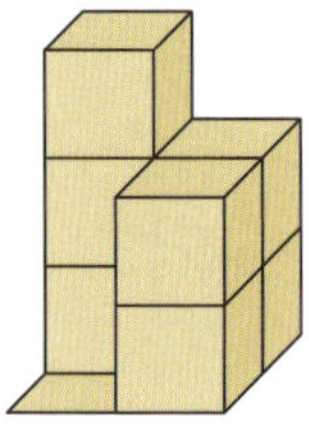

3	2
0	2

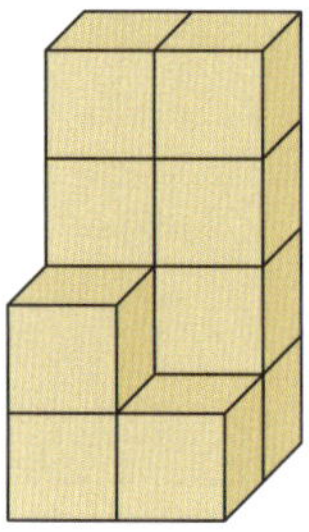

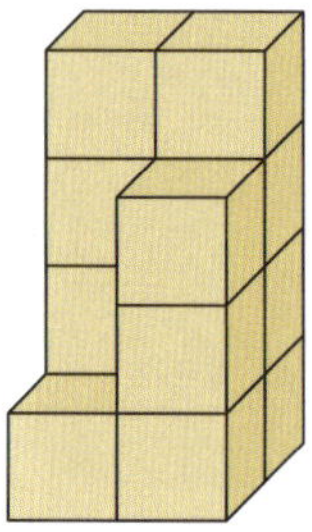

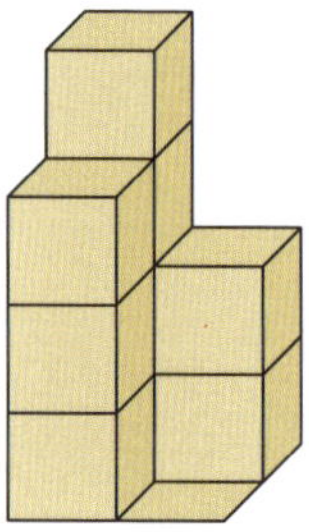

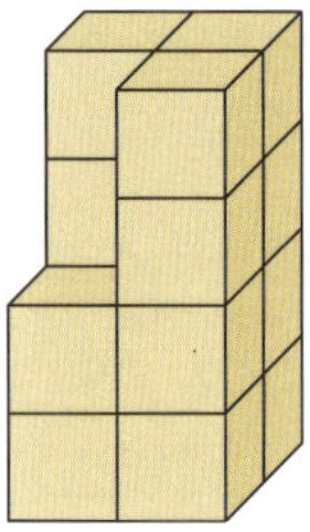

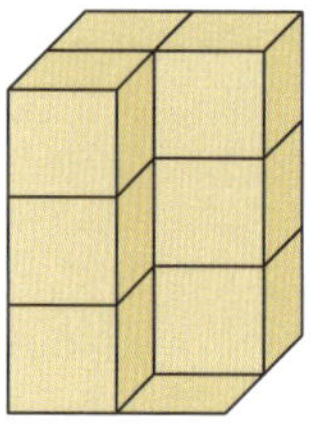

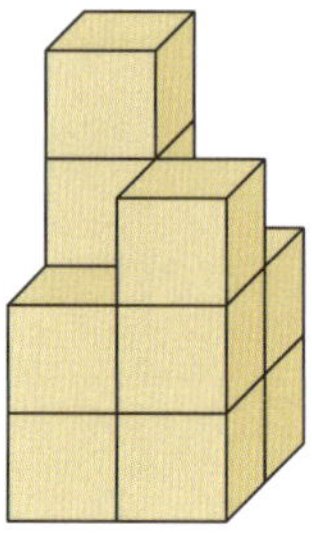

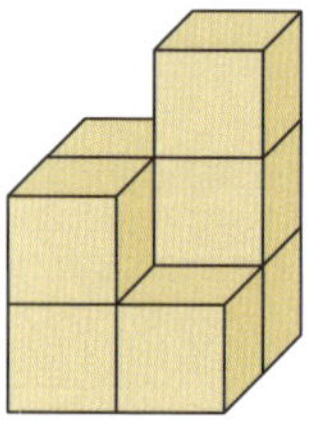

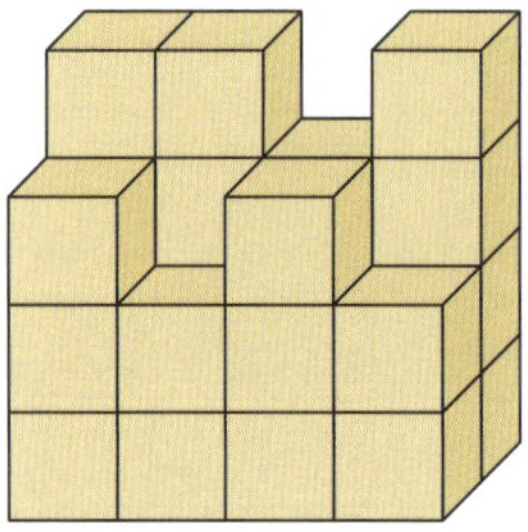

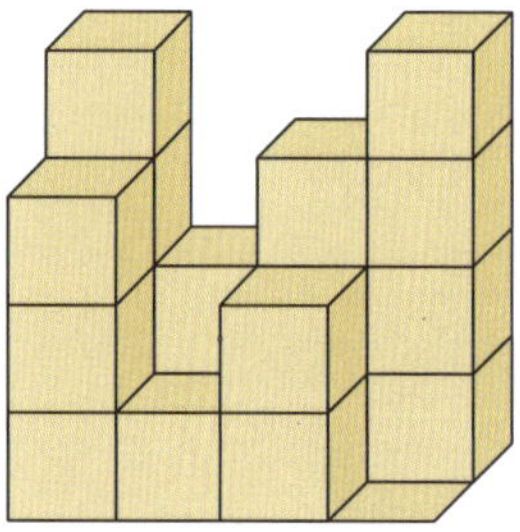

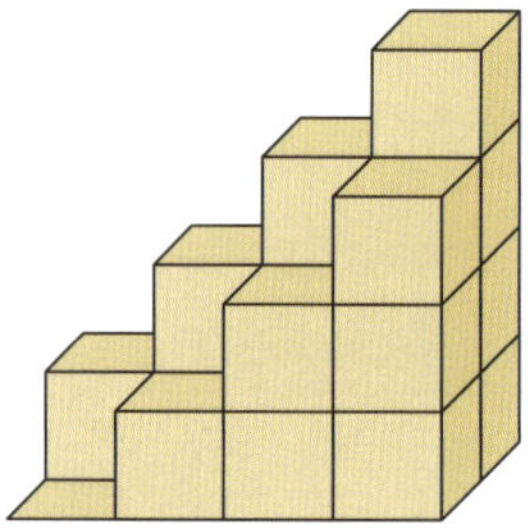

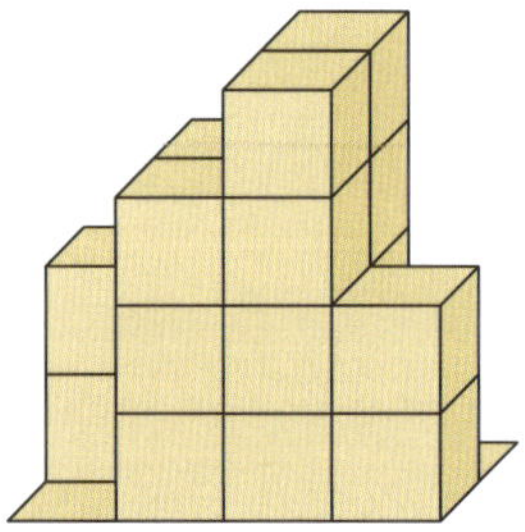

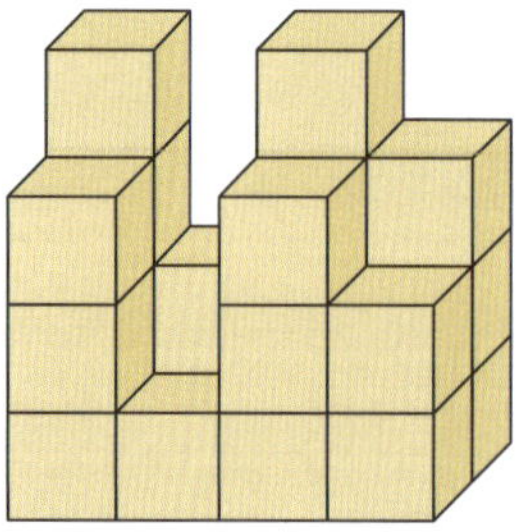

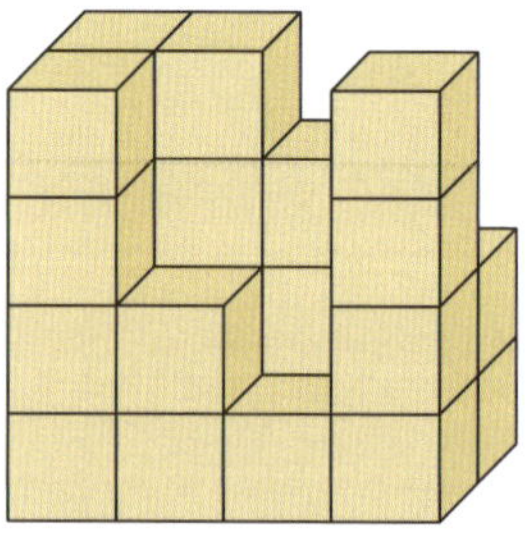

Ab hier brauchst du
ein **Lineal**, einen **Zirkel** und
einen spitzen **Bleistift**!

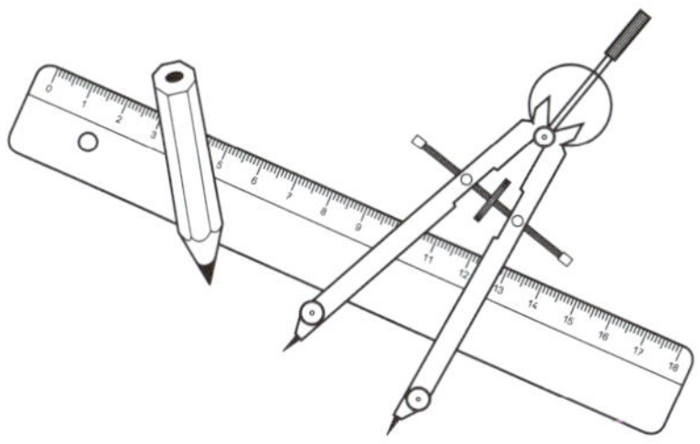

Zeichne die gepunkteten Linien sauber nach!

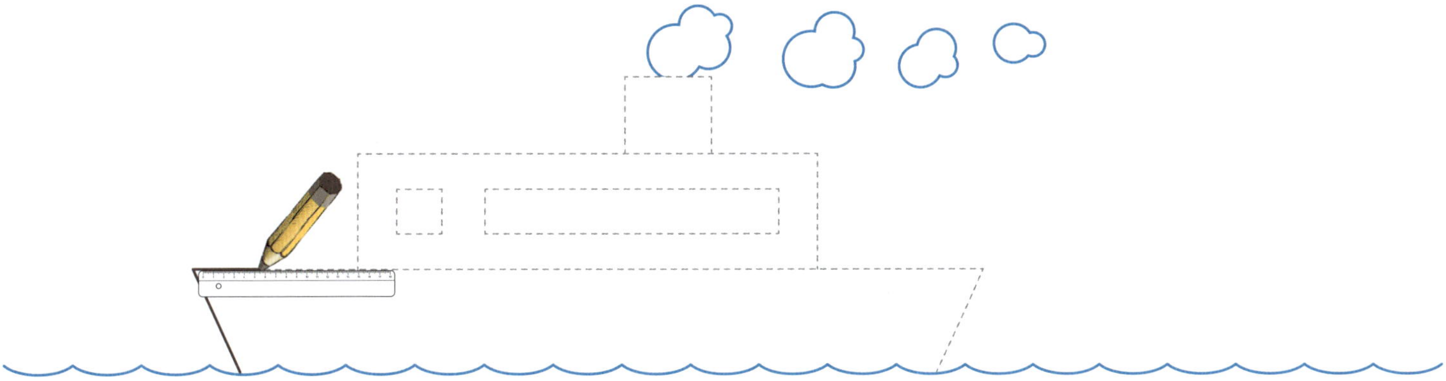

Wie viele Quadrate sind abgebildet?

Dreiecke

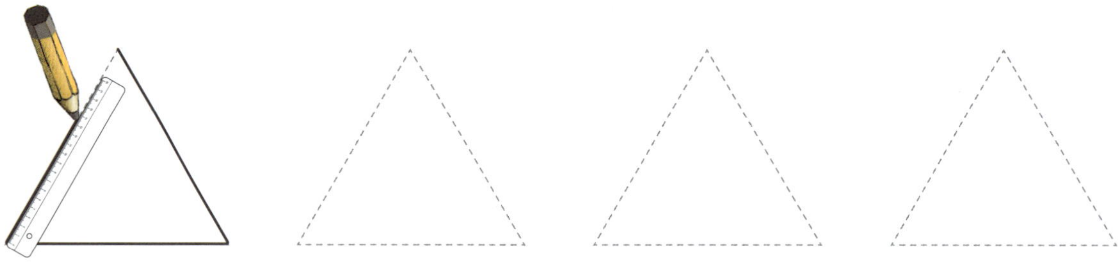

Zeichne nach!

Zeichne die Kreise mit dem Zirkel sauber nach!

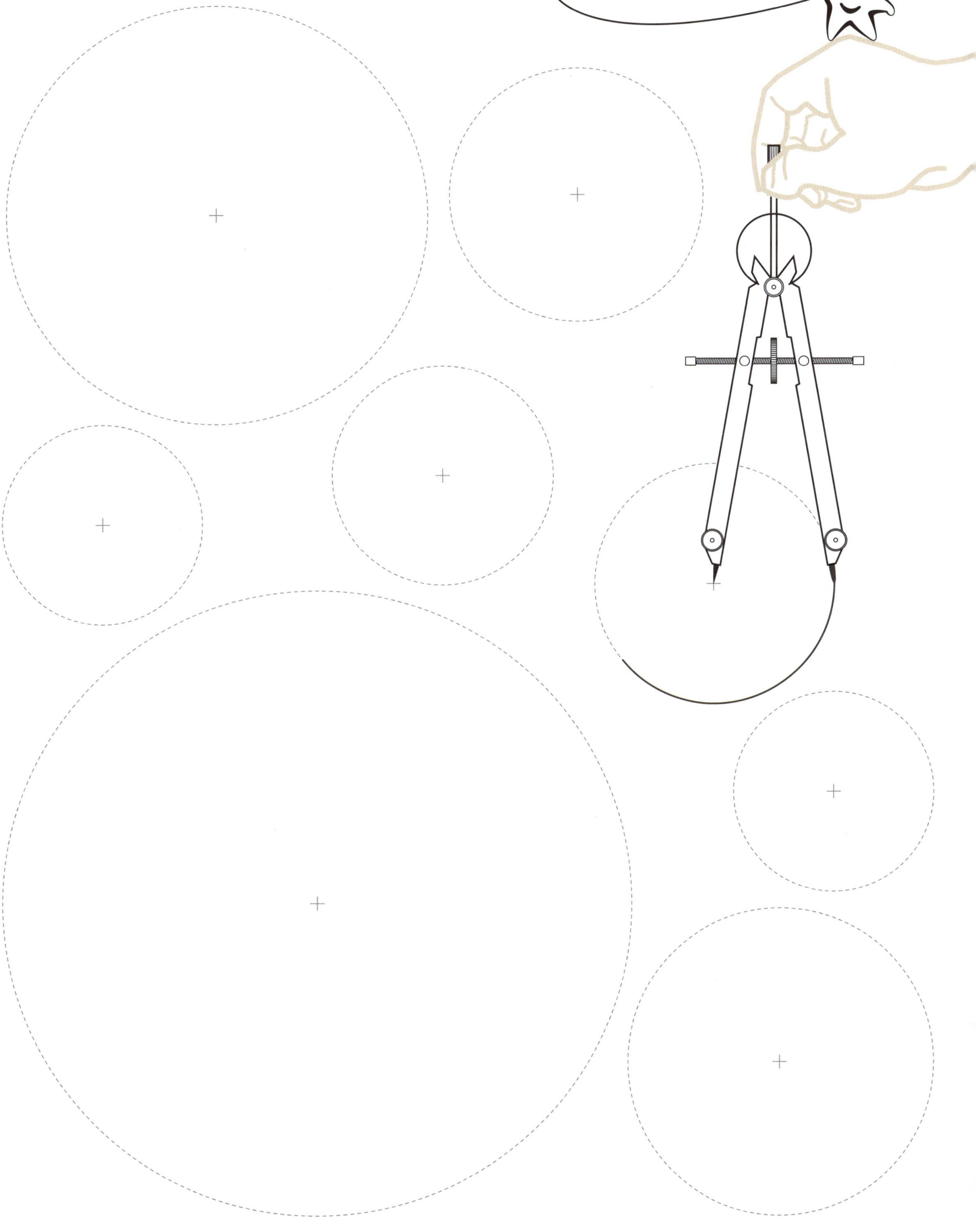

Das sind die Olympischen Ringe. Jeder Kreis steht für einen Kontinent.

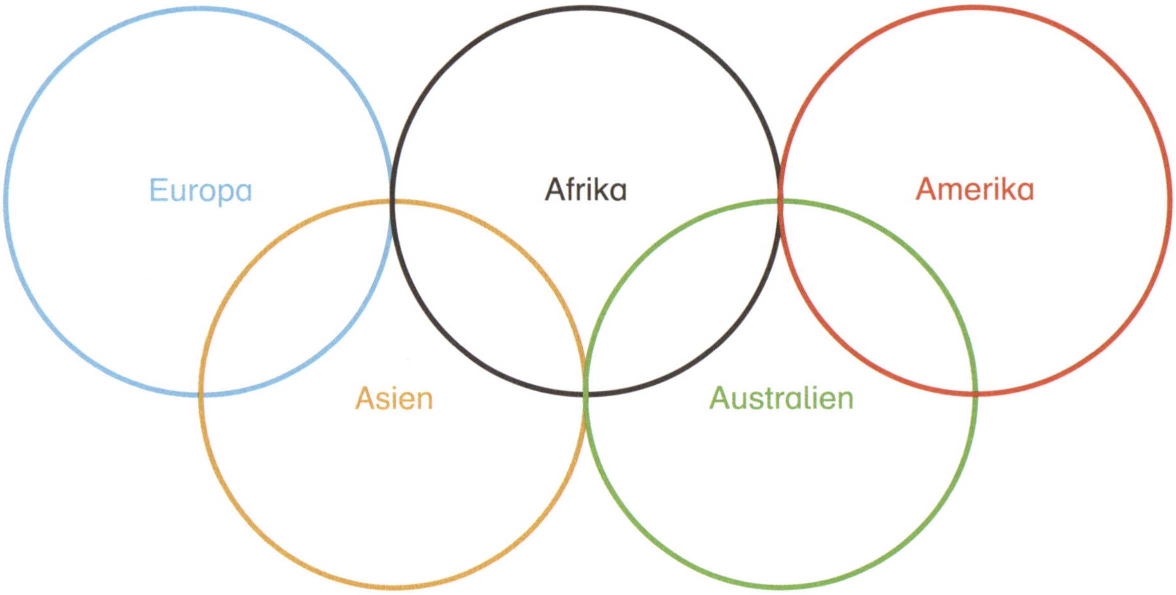

Versuche nun, die Olympischen Ringe zu zeichnen!
Schreibe jeweils die Kontinente in die Ringe!

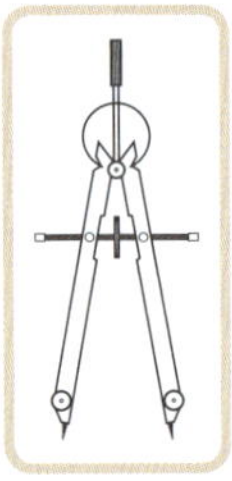

geschätzt	gemessen
cm	cm

geschätzt	gemessen
cm	cm

geschätzt	gemessen
cm	cm

geschätzt	gemessen
cm	cm

geschätzt	gemessen
cm	cm

geschätzt	gemessen
cm	cm

geschätzt	gemessen
cm	cm

geschätzt	gemessen
cm	cm

geschätzt	gemessen
cm	cm

geschätzt	gemessen
cm	cm

Zeichne die Strecken nach und miss!

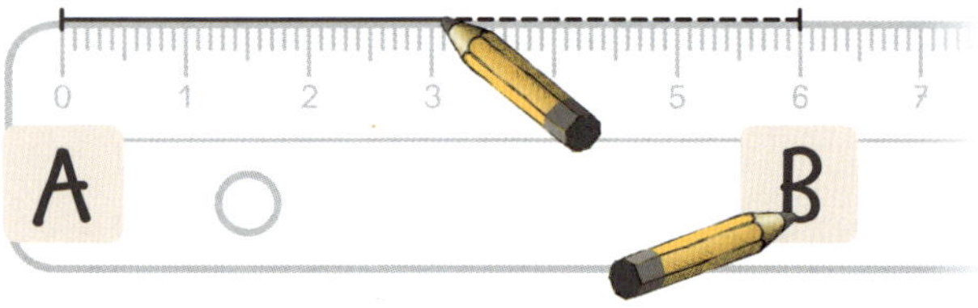

$\overline{AB}$ 6 cm

Eine Strecke hat einen **Anfang** und ein **Ende** …

Anfang — Ende

… und einen **Anfangspunkt** und einen **Endpunkt**.

A — B

$\overline{AB}$ ☐ cm

$\overline{AB}$ ☐ cm

$\overline{AB}$ ☐ cm

$\overline{AB}$ ☐ cm

	Strecke	geschätzt	gemessen
A ——— B	$\overline{AB}$	☐ cm	☐ cm
C ——— D	$\overline{CD}$	☐ cm	☐ cm
E ——— F	$\overline{EF}$	☐ cm	☐ cm
G ——— H	$\overline{GH}$	☐ cm	☐ cm
I ——— J	$\overline{IJ}$	☐ cm	☐ cm

Miss die Gesamtlänge!

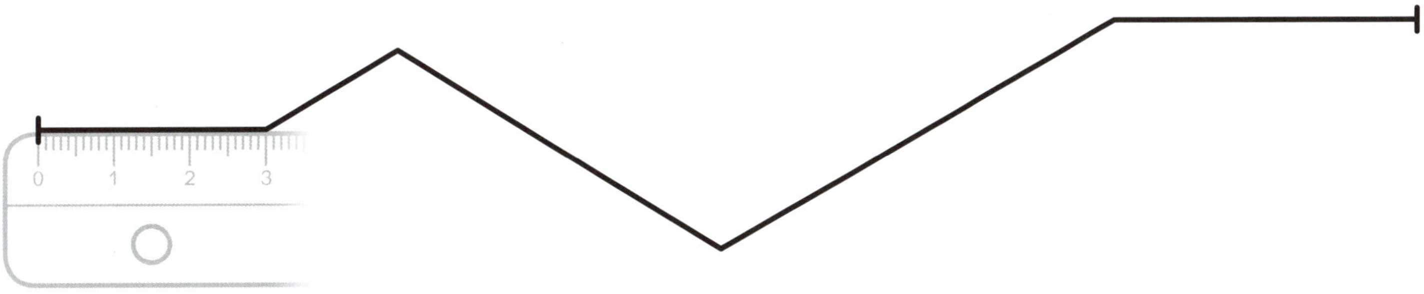

3 cm + ___ cm + ___ cm + ___ cm + ___ cm = ___ cm

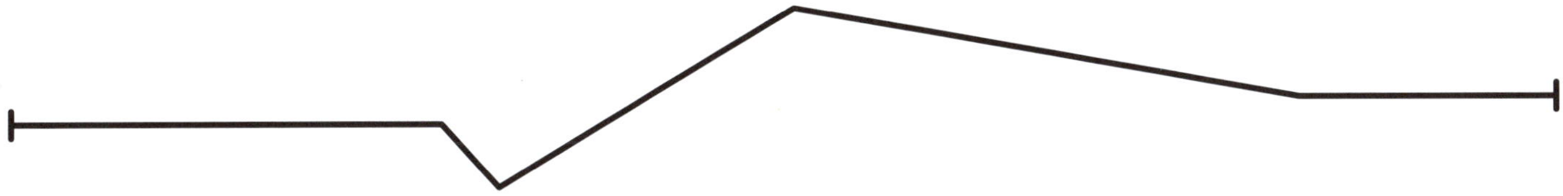

___ cm + ___ cm + ___ cm + ___ cm + ___ cm = ___ cm

Zeichne die Strecken!

$\overline{AB}$ = 8 cm

$\overline{CD}$ = 5 cm

$\overline{EF}$ = 9 cm

$\overline{GH}$ = 11 cm

$\overline{IJ}$ = 3 cm

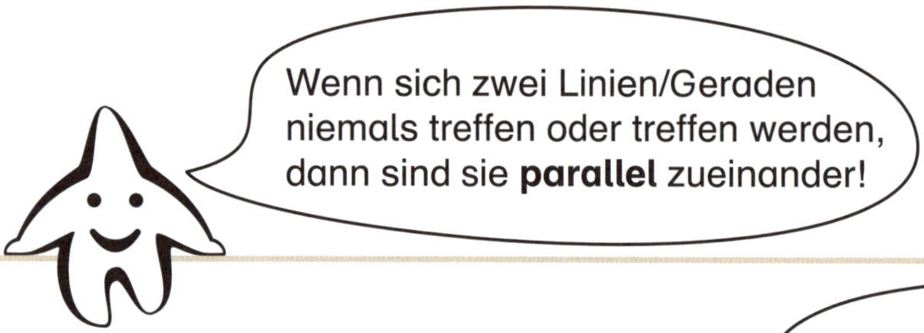

- [x] parallel
- [ ] nicht parallel

- [ ] parallel
- [ ] nicht parallel

- [ ] parallel
- [ ] nicht parallel

- [ ] parallel
- [ ] nicht parallel

- [ ] parallel
- [ ] nicht parallel

- [ ] parallel
- [ ] nicht parallel

- [ ] parallel
- [ ] nicht parallel

- [ ] parallel
- [ ] nicht parallel

Hier findest du parallele Seiten. Zeichne sie in der gleichen Farbe nach!

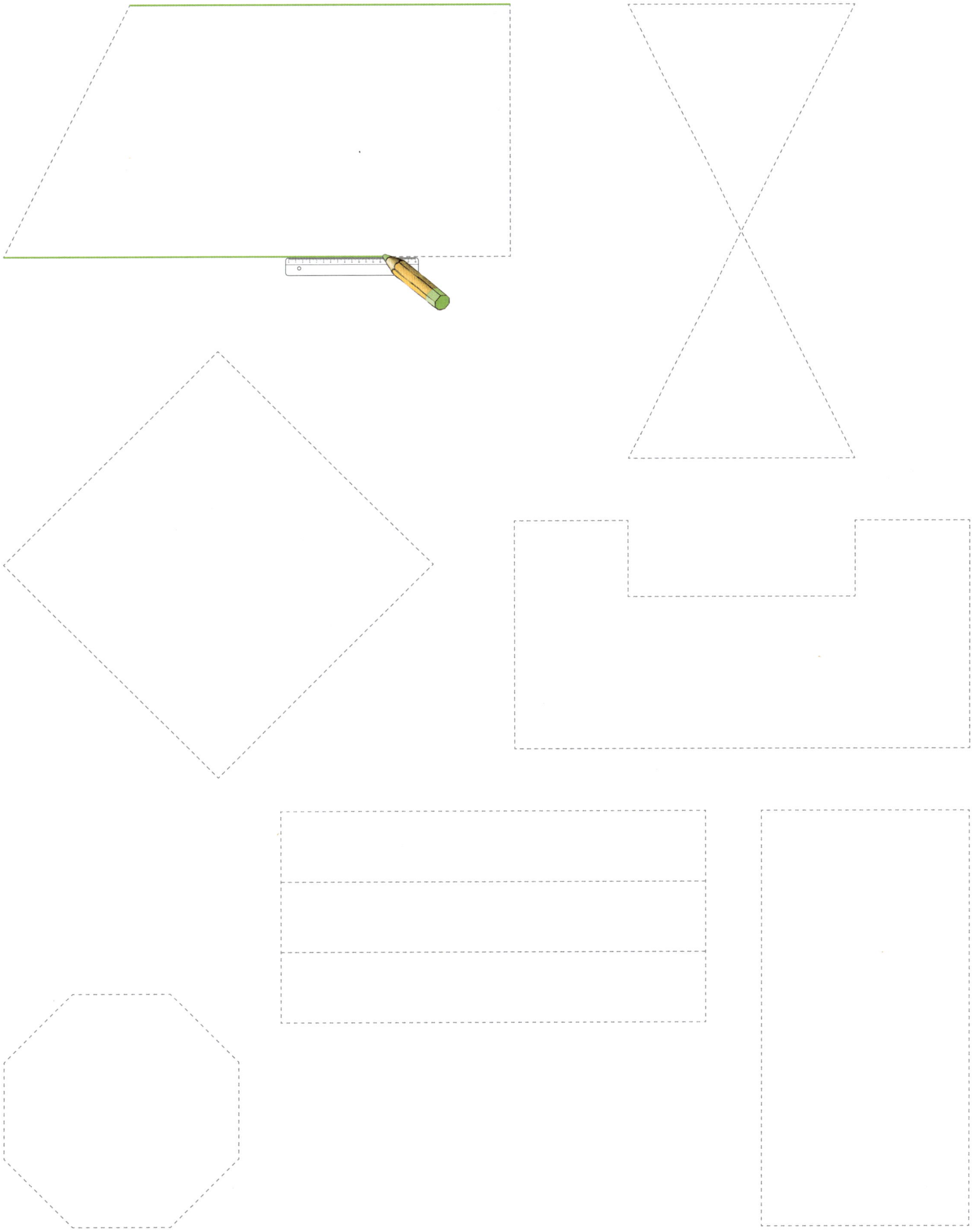

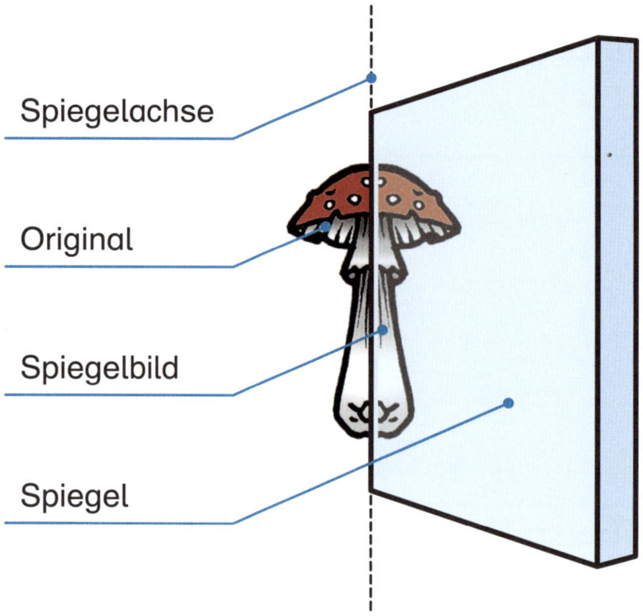

Finde die Spiegelachse und zeichne sie ein!

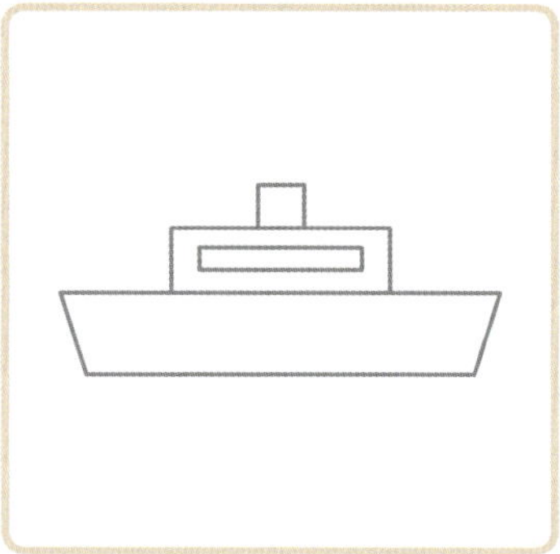

Achtung, hier findest du zwei Spiegelachsen!

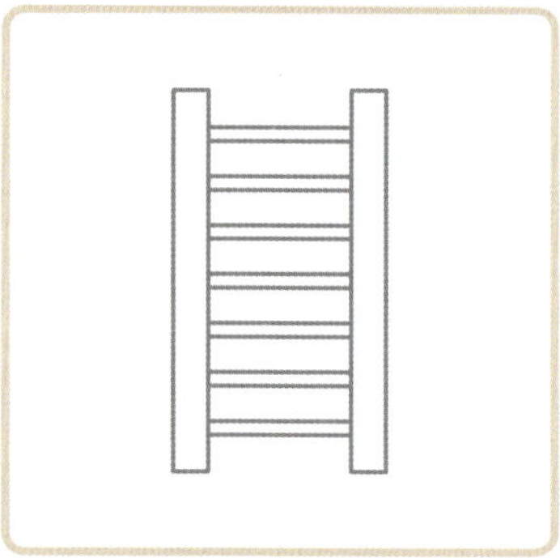

Zeichne das Spiegelbild ein!

Spiegelachse

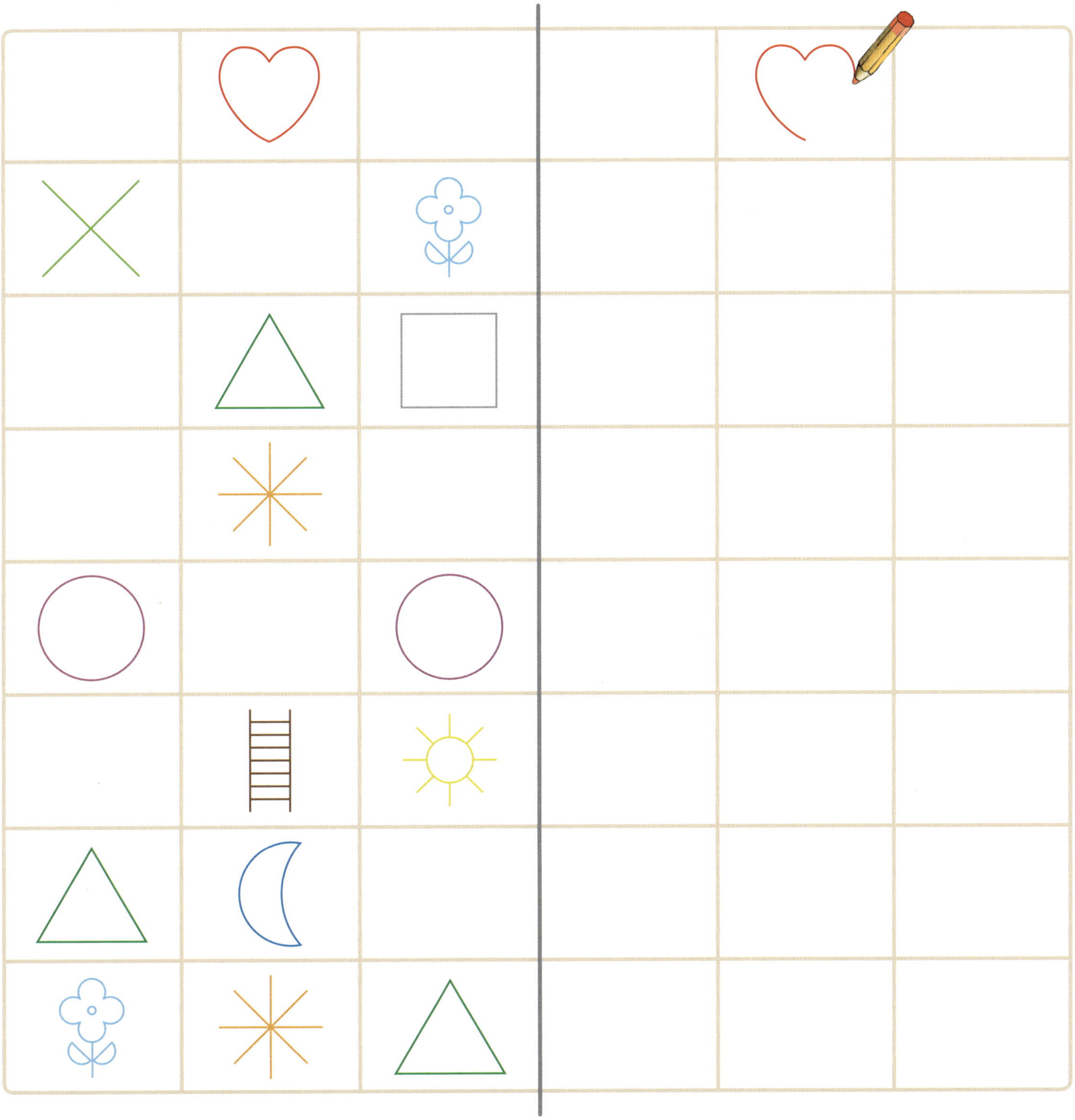

Male dich selbst im Spiegel!

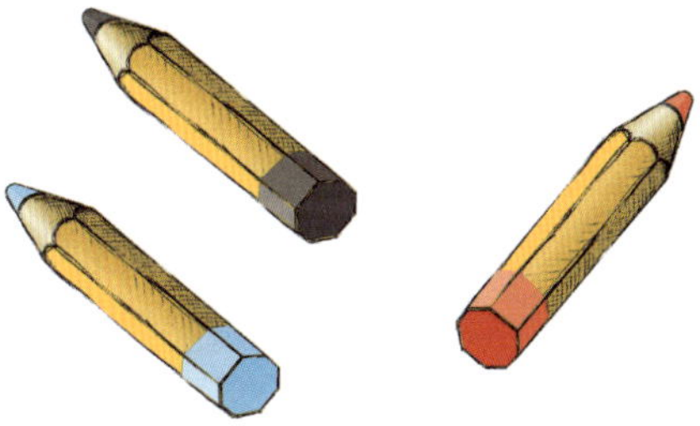

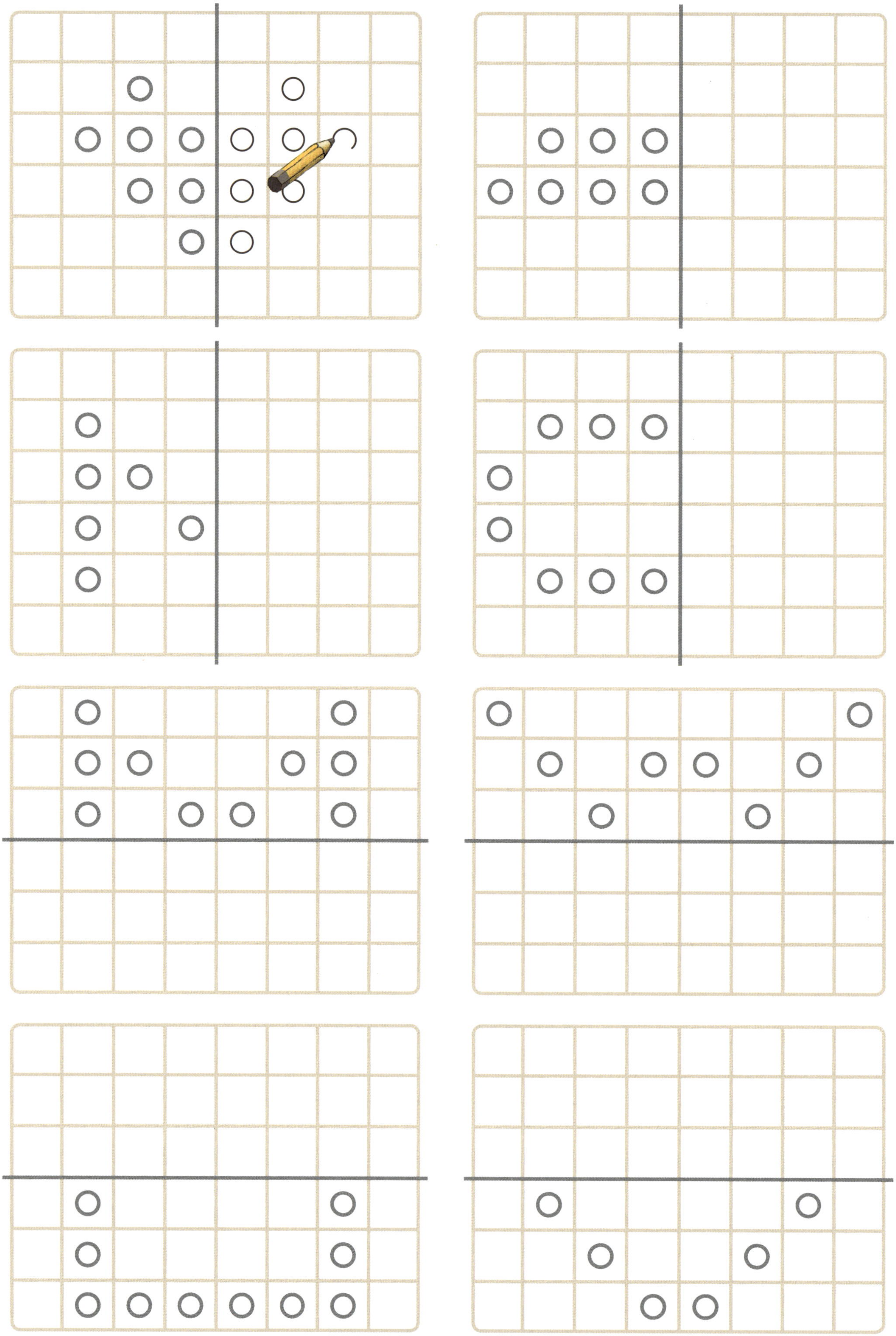

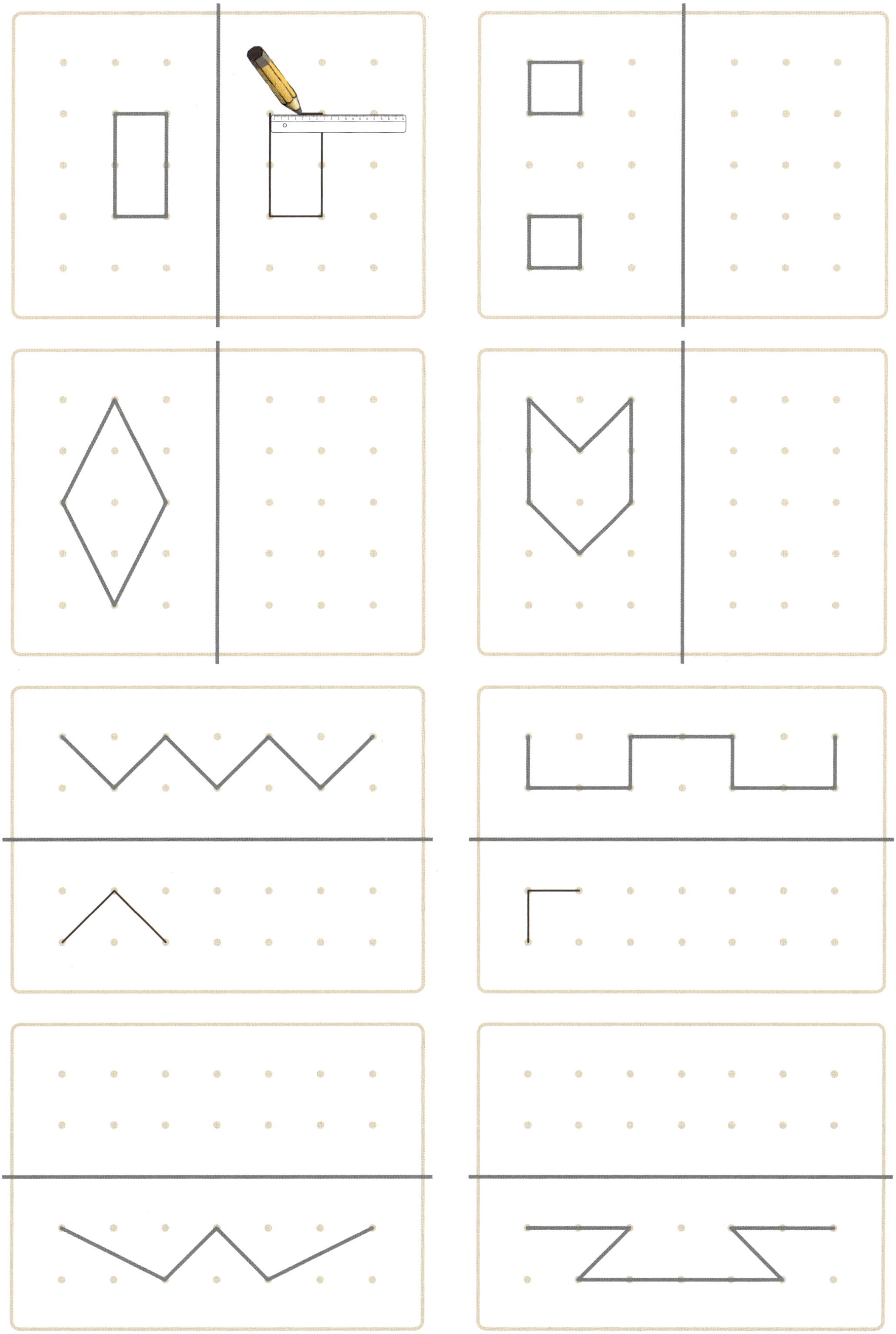

Wie heißen die Formen?

Notiere die Anzahl!

	Ecken	Kanten	Flächen
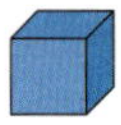			

Wohin schwimmen die Fische?

← LINKS oder RECHTS →

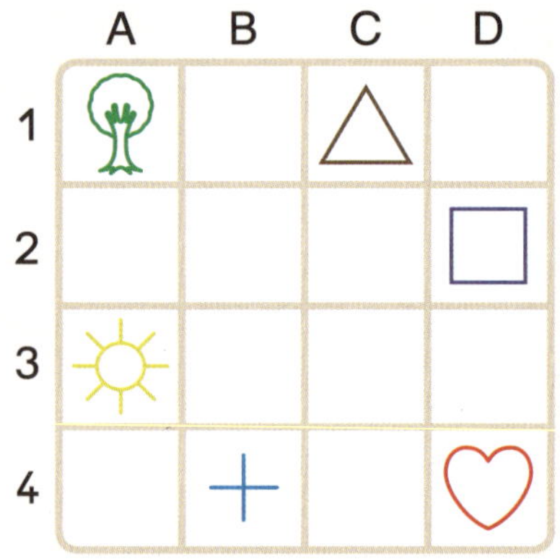

Wo ist die Maus?

- ◯ vor dem Tisch
- ◯ hinter dem Tisch
- ◯ neben dem Tisch
- ◯ auf dem Tisch
- ◯ unter dem Tisch
- ◯ rechts vom Tisch
- ◯ links vom Tisch

Spiegele die Figur!

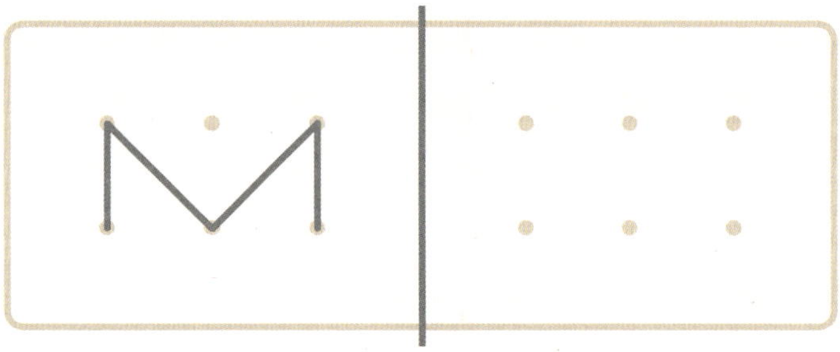

Erstelle den Bauplan!

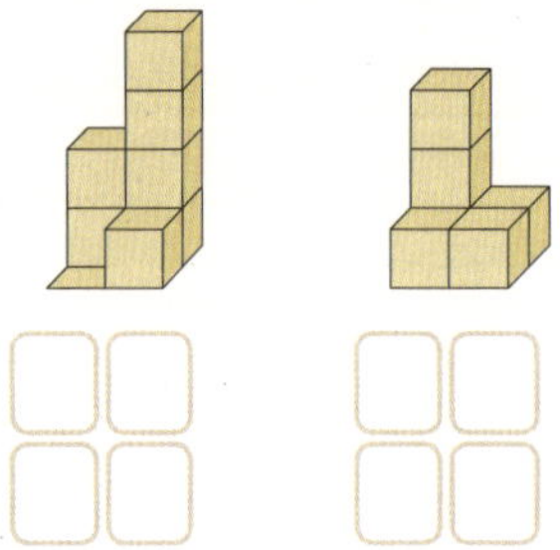

Zeichne eine Strecke von 5 cm! Benutze ein Lineal!

Miss die Gesamtlänge!

☐ cm + ☐ cm + ☐ cm = ☐ cm